Hans-Rudolf Horn

AF280706

# Neues aus der Sicht der alten Schule

## Erinnerungen und politische Überlegungen

Hans-Rudolf Horn

# Neues aus der Sicht der alten Schule

Erinnerungen und politische Überlegungen

**Bibliografische Information der Deutschen Nationalbibliothek**
Die Deutsche Nationalbibliothek verzeichnet diese Publikation in der
Deutschen Nationalbibliografie; detaillierte bibliografische Daten sind
im Internet über http://dnb.d-nb.de abrufbar.

Umschlagfoto:          Schüler der Oberprima I des Dilthey-Gymnasiums,
                       Wiesbaden, beim „Abischerz" im Jahr 1953
Satz & Umschlaggestaltung: Jan Philipp Horn


Herstellung und Verlag:   Books on Demand GmbH, Norderstedt

ISBN: 978-3-8391-1211-3

# Inhaltsverzeichnis

# Einleitende Anmerkungen

Die in diesem Buch niedergelegten Gedanken über „Neues aus der Sicht der alten Schule" sollen Erinnerungen an die Schulzeit mit Erfahrungen der Gegenwart verknüpfen. Dabei soll „alte Schule" nicht nur für die „alte Penne" stehen, die gerade auch wegen ihrer durchaus nicht verkannten Schwächen und Eigenarten in der Erinnerung im Stile des Films „Die Feuerzangenbowle" eher verklärt werden kann, vielmehr sollen vor allem auch aktuelle Aspekte traditioneller Bildungsvorstellungen, wie sie das Gymnasium verkörpert, in die Betrachtung einbezogen werden. Rückblicke auf Kindheit und Schulzeit finden vor allem dann immer wieder Interesse, wenn sie sich auf die Zeiten des Nationalsozialismus erstrecken, wie der Erfolg des bereits in 9. Auflage erschienenen Sammelwerks „Meine Schulzeit im Dritten Reich", herausgegeben von Marcel Reich-Ranicki, zeigt, das die Darstellungen einer Reihe bedeutender Schriftsteller der Gegenwart und der jüngsten Vergangenheit eindrucksvoll zusammenfasst. Auch wenn die literarische Qualität dieses Buches wegen des Ranges der mitwirkenden Autoren einmalig ist, kann es auch anderen jedenfalls einen Anreiz für den Versuch bieten, in ähnlicher Weise aus höchst persönlicher Sicht einige Aspekte des Schullebens während des Krieges zu schildern. Es liegt dann aber auch nahe, die Entwicklung in der Nachkriegszeit weiter zu verfolgen und einige Überlegungen zu Politik und Zeitgeschehen anzufügen, die gerade in jüngster Zeit neue Aktualität gewonnen haben. Die Befassung mit bestimmten Vorgängen der Vergangenheit, die damals in der Schule noch nicht den Stellenwert hatte, den sie im gegenwärtigen Schulunterricht einnimmt, hat gerade in letzter Zeit durch Schriften einiger aktiver Teilnehmer der Studentenbewegung von 1968 neue Akzente erhalten, bei denen deren bisherige Verklärung durch eine kritischere Betrachtung ersetzt wurde. In den Blick geraten dabei vor allem auch Zusammenhänge zwischen Schulweisheit und allgemeinen politischen Perspektiven, bei denen gerade auch historische und juristische Aspekte eine Rolle spielen.

Mein Geburtsjahr 1932 bringt es mit sich, dass sich mein Leben über drei verschiedene Regierungssysteme erstreckt. Mit einem nachgeholten Geständnis einer Mitgliedschaft in der Waffen-SS kann ich nicht schocken: Ich war zwei Jahre zu jung für die Flakhelfergeneration, die immer wieder Gegenstand öffentlichen Interesses wird, war aber immerhin wie alle meine Klassenkameraden „Pimpf" im Jungvolk, der Vorstufe zur Hitlerjugend, ohne es auch nur zum „Hordenführer" zu bringen, der einen Winkel auf dem Ärmel seines Uniformhemdes tragen durfte. Gestehen muss ich dann aber doch politisch nicht korrekte lautliche Äußerungen aus einer Zeit, als ich noch nicht so richtig artikuliert sprechen konnte. Da ich mich nicht selbst auf Einzelheiten besinnen kann, muss ich mich darauf verlassen, was meine Mutter berichtete: Ich soll immer wieder „Hi Hei" geschrien haben, was man sich erst nicht erklären konnte, bis man dahinter kam, dass das durch die „Sieg Heil!"-Rufe, die immer wieder im Radio zu hören waren, ausgelöst worden war. Sobald ich dann aber lesen und schreiben konnte, entstanden frühkindliche und jugendliche Tagebuchnotizen, Papiere und Unterlagen, insbesondere zur Kriegs- und Nachkriegszeit, die geeignet sind, die vorhandenen Erinnerungen zu unterfüttern.

Meine Auseinandersetzung mit der Vergangenheit findet aber noch in jüngerer Zeit ihre Fortsetzung in Gesprächen mit Schulkameraden und ehemaligen Arbeitskollegen, bei denen sich freilich nicht immer nur Übereinstimmungen ergeben, besonders was zeitgeschichtliche Schlussfolgerungen angeht. Mittlerweile hat nach Gerhard Moos, der inzwischen leider verstorben ist, auch August Epple seine Erinnerungen an die Schulzeit veröffentlicht. Dabei stellen sich nach der langen Zeit doch erfreulich viele Gemeinsamkeiten heraus, besonders auch was einzelne Merkmale der Lehrpersonen angeht. Im Laufe des Lebens haben bei mir immer wieder die Erfahrungen und Eindrücke aus der Schulzeit nachgewirkt, sei es bei der Ausbildung zum Industriekaufmann in Wiesbaden-Biebrich, sei es beim Jurastudium in Frankfurt, Tübingen und Mainz, sei es bei meiner Tätigkeit als Richter in Hessen oder als Verwaltungsbeamter in der Landesregierung von Rheinland-Pfalz oder bei Studien- und Kongressreisen in Mexiko und Spanien.

# 1. Erste Begegnungen in Biebrich

Zur Welt kam ich am 11. Oktober 1932 in Biebrich, dem größten Vorort Wiesbadens, in einem Krankenhaus in der Frankfurter Straße, heute Breslauer Straße, das als Kind für mich „die Welt" war, nachdem mir meine Mutter berichtet hatte, dass ich dort zur Welt gekommen sei. Heute ist in dem gleichen Gebäude ein Altersheim untergebracht, typisch für die Bevölkerungsstruktur der Gegenwart. Wir wohnten in der gleichen Straße in einem Haus, in dem auch Familie Schöner mit einem wenige Jahre jüngeren Mädchen namens Ingeborg lebte. Es ist eine allgemeine Erfahrung, dass sich Menschen oft noch ziemlich genau an die Zeit erinnern können, als sie vier Jahre waren. Ich war ungefähr in diesem Alter, als ich Inge schon morgens in aller Frühe besuchte. Häufig saß sie noch auf dem Nachttopf, der in einen hohen Stuhl mit Tischchen eingebaut war. Ingeborg Schöner ist dann später ein recht berühmter Filmstar geworden. Ihre Entdeckung war damals ein mehrfach behandeltes Thema in der Presse und auch in privaten Kreisen, in denen Fotografen mit Regisseuren um den Ruhm wetteiferten, sie zuerst für den Film entdeckt zu haben. Auch in jüngerer Zeit noch war sie immer wieder in völlig unterschiedlichen Rollen in TV-Spielfilmen, seien es Familienfilme oder Krimis, zu sehen. Es war ihr Vorzug, sich nicht auf einen bestimmten Rollentyp festlegen zu lassen. Im Internet zeigt eine Liste ihrer Filme, deren Unvollständigkeit ausdrücklich hervorgehoben wird, eine kaum zu überblickende Vielzahl bemerkenswerter Aufführungen. Sie trat gemeinsam mit bekannten Größen wie Fernandel, Charles Aznavour, Curd Jürgens oder Götz George im Theater und im Fernsehen auf. Sie veranstaltet in München gegenwärtig Literaturkreise und persönliche Zen-Sitzungen.

Seit Jahren befasst sie sich mit Frauengestalten der christlichen Mystik, wie Teresa von Ávila, der sie ein eigenes Hörbuch gewidmet hat.

Eine gewisse Frühreife zeigte sie bereits als kleines Kind insofern, als sie ihre Eltern mit dem Vornamen ansprach. Als zu unseren beiden Familien ein gemeinsamer Nikolaus kam, vor dem sie sich fürchtete, rief sie immer ängstlich statt „Mama! Papa!" „Lotte, Lotte, Edi, Edi!". Mein Klassenkamerad Dieter Klein erzählte mir nach Jahren zu unserer Tanzstundenzeit, er habe ein schönes Mädchen namens Ingeborg kennen gelernt und das habe ihm in einem Foto-Album mich als kleinen Jungen mit Baskenmütze gezeigt, den sie „Hobbi" genannt habe. Da wir gerade auf der Suche nach einem Spitznamen für jeden einzelnen unseres Freundeskreises waren, wurde beschlossen, mich „Hobbi" zu nennen. Und das hat sich bis heute gehalten, während die Namen der anderen fast alle wieder vergessen worden sind.

Im gleichen Haus wohnte im Parterre die Familie Winkler, die bereits eine aktuelle Verbindung zur Schauspielkunst und nicht erst für die Zukunft aufweisen konnte. Vater Winkler trat in Opern im Wiesbadener Staatstheater in kleinen Rollen – etwa als ein Wächter mit Helm im Weihnachtsmärchen – auf, was uns Kindern natürlich sehr imponierte. Zu erwähnen ist aber auch Frau Schneider im ersten Stock, die ihren Mann „Ottel" nannte, von dem sie immer so schön sagte „Mein Ottel ist eine echte Führernatur" – in den frühen dreißiger Jahren ein ganz besonderes Kompliment. In Wirklichkeit hatte sie die Hosen an und veranlasste ihren Mann, der am Schreibtisch als Verkäufer von Schuhcreme en gros glücklich war, als Reisender tätig zu werden, weil er dann Spesen bekomme. Er erhielt für seine neue Aufgabe einen Lieferwagen mit einem großen „Erdal"-Frosch darauf, der uns Kinder natürlich sehr beeindruckte. Wir wohnten wirklich in einem bemerkenswerten Haus!

Im Jahre 1938 zogen meine Eltern mit meinem knapp vier Jahre jüngeren Bruder Norbert und mir in eine größere Wohnung in einem Altbau um, das ursprünglich ein Hotel war. Wir bekamen ein wunderbares Kinderzimmer mit einem Erker, der mit bunten bleigefassten Glasfenstern ausgestattet war. Von dem aus hatten wir einen Blick auf das Zollamt, den Rhein und die Oranier-Gedächtnis-Kirche, in deren Garten wir gern über die verschlossene Eisentür kletterten. Die Straße hieß damals noch „Skagerrakstraße", nach der Seeschlacht im Skagerrak im Ersten Weltkrieg. Man musste die Adresse immer mühsam buchstabieren. Heute heißt sie Wilhelm-Kopp-Straße; das klingt dann doch erheblich weniger kompliziert. Hauseigentümer waren vier ältere ledige Geschwister, zwei Schwestern, Emmi und Tilde, und zwei Brüder, Philipp und Emil Heymann, mit denen mein Bruder und ich ein vertrautes Verhältnis hatten. Norbert lief zu ihnen noch im Schlafanzug in den ersten Stock hinunter. Sie waren sicher keine Nazis, sprachen aber immer mit großer Ehrfurcht von „unserem Führer". Mit den beiden Schwestern ging ich in Biebrich am 9. November 1938 durch die Rathausstraße und sah die qualmenden Ruinen der niedergebrannten Synagoge – erst vor einigen Jahren wurde im Hausflur des dort inzwischen neu errichteten Gebäudes eine Gedenktafel angebracht – und die eingeschlagenen Scheiben des Fischgeschäfts David. Sie sahen meinen Schrecken und meinten, mir erklären zu müssen, Juden hätten schon vorher in New York deutsche Geschäfte zerstört. Ich dachte spontan, das können doch unmöglich die gleichen gewesen sein, die hier in Biebrich Geschäfte haben. Natürlich habe ich das nicht gesagt. Ich war auch noch im späteren Alter oft nicht schlagfertig genug beim Diskutieren.

Bei Kriegsausbruch mussten wir im Biebricher Schloss Gasmasken abholen – natürlich auch für die Kinder. Ich nahm in meiner kindlichen Unschuld damals an, die müssten wir nach Ausbruch des Krieges sofort anlegen und die ganze Zeit aufbehalten, und war ganz überrascht zu erfahren, dass der Krieg bereits begonnen hatte – ohne Gasmaske, die aber dann bei Fliegerangriffen anfangs jeweils in den Luftschutzkeller mitgenommen wurde und zum Glück niemals gebraucht wurde.

# 2. Biebricher Bildungsstart

Von unserer Wohnung aus war es nicht weit zur Goetheschule, die damals noch „Volksschule" hieß. Ich bekam eine große Zuckertüte – die zu füllen war einige Monate vor Kriegsausbruch im Gegensatz zu der erst später, während des Krieges stattfindenden Einschulung meines jüngeren Bruders noch unproblematisch. Ich machte sie auf, noch bevor die Begrüßungsansprache des Rektors beendet war, und holte für mich und meinen Nachbarn eine Praline heraus. Mir wurde das später noch lange als unverzeihliche Naschhaftigkeit vorgeworfen. Ich konnte mir damals den erschreckten Blick meiner Mutter nicht erklären. Ich überlegte ganz nüchtern, wenn die Zuckertüte schon mitgenommen werden soll, sollte man sie nicht einfach ungeöffnet wieder nach Hause zurückbringen.

Wir lernten noch mit Hilfe von Schiefertafeln und Griffeln schreiben, dann mit Fibeln auch lesen. Wir begannen erst nach einigen Tagen mit allgemeinen freundlichen Erzählungen – einer frühen Vorwegnahme der Kuschelpädagogik – mit dem Erlernen des Buchstabens „i". Ich habe meine damalige Lehrerin, Fräulein Bauer, nach dem Krieg immer wieder einmal getroffen und ihr bei einer Gelegenheit gesagt, es wäre doch gut, bei ihr Lesen und Schreiben gelernt zu haben. Das könne man immer wieder gebrauchen. Sie war etwas verdutzt, weil ihr das offenbar noch keiner gesagt hatte. Ihr Unterricht war aber auch bereits durch zeitgeschichtliche Bezüge bestimmt. Ich erinnere mich noch gut an einen Aufsatz „Unser Sieg bei Dieppe", den wir in der vierten Klasse geschrieben haben. Es handelte sich um einen gescheiterten Landungsversuch der Alliierten in Nordfrankreich 1942, den ich auch neulich in einem zeitgeschichtlichen Zeitungsartikel erwähnt fand.

Sobald ich lesen konnte, verfolgte ich die Entwicklung des Krieges mit großem Interesse in der Zeitung, aber auch am Radio. Einzelheiten über die verschiedenen Feldzüge ließen sich auch kleinen Heftchen entnehmen, die als Abzeichen bei den Sammlungen des Winterhilfswerkes verkauft wurden. Sie trugen Titel wie „Des Führers Kampf in Norwegen", „Des Führers Kampf in Frankreich" usw. In einem kleinen schwarzen Büchlein trug ich ordentlich die Länder ein, die schon besetzt waren, und wartete dann auf die Invasion in England. Ich erinnere mich heute noch an meine Enttäuschung, als in einer Sondermeldung mit der typischen Siegesfanfare lediglich die Besetzung einer britischen Kanalinsel gemeldet wurde – auf der übrigens der Vater meines Schulkameraden Moos zu seinem Glück wie auf einer Insel der Seligen eine Zeit lang als Soldat stationiert war und in aller Ruhe Tennis spielen konnte. Je länger der Krieg dauerte, desto mehr wurde unsere anfängliche kindliche Begeisterung in ihr Gegenteil verkehrt. Mein zeitgeschichtliches Interesse blieb jedoch bestehen. Als mich meine Mutter im Jahre 1943 am Wiesbadener Hauptbahnhof nach meiner Rückkehr aus einem Kinderheim am Bodensee abholte, war eine meiner ersten Fragen nach den neuesten politischen Ereignissen, die mir verständlicher Weise im Kinderheim vorenthalten worden waren. Ihr fiel nur ein, Italien sei „abgefallen", sie blieb aber die erbetenen näheren Erklärungen schuldig, insbesondere war sie nicht auf die Frage nach dem Schicksal Mussolinis vorbereitet.

In der Volksschule sprachen natürlich fast alle Kinder Biebricher Dialekt, der sich von dem in der Stadtmitte von Wiesbaden und vor allem von dem Mainzer Dialekt, der auch in Kastell gesprochen wird, durchaus unterscheidet: Der Main heißt dort „Mää", während man bei uns und in

Frankfurt „Maa" sagt, mit einem Nasallaut, der wahrscheinlich aus dem Keltischen stammt. Jedenfalls fällt uns in meiner Heimat auch die Aussprache des Französischen leichter als in Norddeutschland, wo die Kelten niemals waren. Wer in Biebrich nicht wie ein Biebricher gesprochen hätte, wäre mit Sicherheit merkwürdig angesehen, wenn auch nicht gerade verprügelt worden. Denn alle hatten doch irgendwie das Herz auf dem rechten Fleck, auch die Bewohner der Baracken im Parkfeld, wenn man sie nicht gerade mit dem mir bis heute unerklärlichen Ruf „Schabo di Mulo Schlawanko – hat die Beißzang gefreten" provozierte: Dann liefen alle zusammen und verhauten den vorlauten Rufer. Bei schlechtem Wetter konnten sie nicht zur Schule kommen, weil sie keine Schuhe hatten. Jedenfalls habe ich die Dialektfärbung des Biebricher Buben in meiner Sprechweise bis ins hohe Alter unverkennbar beibehalten, auch im Englischen oder Spanischen, wie mir bisweilen Landsleute möglicherweise aus Neid aufs Brot geschmiert haben, wenn sie trotz ihrer exakten Aussprache mit Ausländern doch nicht gleich ins Gespräch kamen. Aber auch wenn ich meine selbst aufgenommenen Filme mit eigener Stimme kommentiere, können sich die Wenigsten hämische Bemerkungen wegen meiner unverkennbar hessischen Aussprache verkneifen. Wenn es irgend geht, lasse ich daher meine Söhne sprechen, deren Stimmen zudem im Wiesbadener Knabenchor musikalisch geschult sind.

# 3. Zugang zum humanistischen Gymnasium

Aus Biebrich kamen auch der Schriftsteller Johann-Heinrich Riehl und der Philosoph Wilhelm Dilthey. Sie mussten im 19. Jahrhundert noch zu Fuß über die Biebricher Allee zum Staatlichen Gymnasium nach Wiesbaden laufen. Im 20. Jahrhundert standen uns dagegen öffentliche Verkehrsmittel zur Verfügung. In der Zeit unmittelbar nach dem Krieg war freilich die Busverbindung über die Allee nicht mehr in Betrieb. Es blieb uns nur die Straßenbahn, die damals noch über die Mainzer Straße fuhr und zunächst nur alle Stunde verkehrte. Sie war natürlich immer sehr voll, und wir fuhren bisweilen auf dem Trittbrett mit, von dem uns der Schaffner oder die Schaffnerin zu verscheuchen suchten, die damals noch in jedem Wagen Dienst versahen, während sich der Fahrer allein auf das Lenken des Fahrzeugs konzentrierte. Da die Skagerrakstraße ziemlich steil ist und die Straßenbahn noch zwei recht enge Kurven zu nehmen hatte, konnte man sie noch erreichen, wenn man ihr Quietschen beim Durchfahren der ersten Kurve am Rheinufer hörte und noch rechtzeitig vom 2. Stock herunter rannte und der Straßenbahn nachlief, um vor der Einbiegung in die Friedrichstraße (heute Stettiner Straße) aufzuspringen.

Doch vor der Aufnahme in die höhere Schule war noch eine schwierige Hürde zu nehmen: die Aufnahmeprüfung. Sie war im Allgemeinen mit erheblicher Sorge besonders bei den Eltern verbunden. In Biebrich selbst gab es eine Mittelschule (Realschule), die Riehlschule. Das nächstgelegene Gymnasium befand sich am Gutenbergplatz in Wiesbaden mit einem humanistischen (altsprachlichen) und einem neusprachlichen Zweig, daher die Bezeichnung „Staatliches Gymnasium und Realgymnasium". Für mich ist die Aufnahmeprüfung dann aber geradezu zu einem unerwarteten Erfolgserlebnis geworden, beinahe hätte ich gesagt, dem einzig wirklichen Erfolgserlebnis bei einer offiziellen Prüfung. Vor versammelten Eltern und Schülern hob Oberstudiendirektor Dr. Hoernecke meine Leistungen ausdrücklich hervor, die mich für das humanistische Gymnasium befähigen. Ich war der einzige, dem diese Ehre widerfuhr, hatte doch mein Vater ausdrücklich um eine besondere Stellungnahme zu dieser Frage gebeten. Ihm war das humanistische Gymnasium von dem kaufmännischen Direktor der Firma Kalle & Co. Aktiengesellschaft in Wiesbaden-Biebrich, wo mein Vater beschäftigt war, H. J. Anderhub, ans Herz gelegt worden, der ein begeisterter Anhänger der humanistischen Bildung war. Er war sogar selbst auf diesem Gebiet schöpferisch tätig und konnte eine Stelle in Platons Theaitetos-Dialog über ein mathematisches Problem als erster in seinem Buch „Joco seria – Aus den Papieren eines reisenden Kaufmannes" – 1941 überzeugend erklären. Da das Buch kaum noch zu beschaffen ist, habe ich es gern an meinen Klassenkameraden Erich Keller, einem Altphilologen, verliehen. Weder beim Abitur noch bei meiner Aufnahmeprüfung für die kaufmännische Lehre bei Kalle (dort am Wenigsten!) noch bei der Kaufmannsgehilfenprüfung noch bei den beiden juristischen Staatsexamen noch im Promotionsverfahren hatte ich vergleichbare Erfolgserlebnisse wie bei der Aufnahmeprüfung ins Gymnasium. Ich habe mich aber damit längst abgefunden. Persönliche Erfahrungen beim Übergang in die weiterführende Schule sollten auch nicht allein für die Frage maßgebend sein, ob schon bei Kindern im Alter von zehn Jahren eine Vorentscheidung über die künftige Schullaufbahn geboten ist. Es sind freilich in jedem Fall Vorkehrungen zu treffen, dass auch noch nachträglich ein Übergang in das Gymnasium möglich ist.

In der Sexta – so wurde damals die fünfte Klasse, die erste im Gymnasium, noch genannt – führte uns der erwähnte Direktor Dr. Hoernecke mit Erfolg und persönlichem Engagement in die Geheimnisse der lateinischen Sprache in einer Weise ein, die uns begeisterte. Wenn ich eine unzutreffende Antwort gab, sagte er: „Interdum etiam Cornu errat" (Bisweilen irrt auch Horn) – das war auch eine Form der Anerkennung. Er war zudem ein guter Menschenkenner. Wenn ein Schüler Geburtstag hatte, mussten wir an die Tafel schreiben „gratulamur" (wir gratulieren) und er konnte fast immer sehr schnell am „Geburtstagsgesicht" erkennen, wer tatsächlich der Glückliche war, dem er gratulieren konnte.

Ich kam, wie gesagt, aus Biebrich, einem Stadtteil, der bei einigen Mitschülern im Gymnasium aus der Stadtmitte in ziemlich geringem Ansehen stand. Mir klingen heute noch die Bemerkungen meines Schulkameraden Volker Menz im Ohr, der gern von der „Mördergrube Biebrich" sprach, wenn er mich wieder einmal auf einen Zeitungsbericht von einer blutigen Schlägerei hinwies, die in oder vor einem Restaurant stattgefunden hatte, das im Volksmund „Zum blutigen Knochen" genannt wurde. Es wäre aber sicher verfehlt, Biebrich, das bis zum Ende der Zwanziger Jahre des 20. Jahrhunderts eine selbstständige, durch seine Industrie reiche Stadt mit einem eindrucksvollen Rathaus war, gering zu schätzen. Heute gibt es auch die wenigen unansehnlichen Wohngebiete von damals längst nicht mehr. Im Parkfeld, wo früher die Wohnbaracken standen, aus denen ein Teil meiner Mitschülerinnen und Mitschüler der Goethe-Schule kamen, sind heute gut bürgerliche Einfamilienhäuser errichtet worden, die unmittelbar hinter dem Schlosspark eine recht gute Lage haben. In dem Schloss residierte vor zweihundert Jahren der Herzog von

Nassau, der auch den Dichterfürsten Johann Wolfgang von Goethe zu einer Feier zu dessen 65. Geburtstag eingeladen hat. Der Philosoph Wilhelm Dilthey, der Schüler unseres Gymnasiums war, das heute seinen Namen trägt, kam, wie bereits erwähnt, aus Biebrich, genauer gesagt aus der „Gibb" (Biebrich-Mosbach). Als Wilhelm Dilthey Professor in Berlin geworden war, sehnte er sich noch immer nach Biebrich zurück und sagte einmal: „Man vergisst doch nicht, dass man in Arkadien geboren ward", wie mein juristischer Kollege und Heimatforscher Dr. Rolf Faber herausgefunden hat. Im Jahre 874 weilte übrigens bereits König Ludwig der Deutsche in „Biburg", wie Biebrich damals noch hieß.

# 4. Nationalsozialismus und Krieg

Wer mit zehn Jahren auf die weiterführende Schule kam, wurde zur gleichen Zeit seit 1938 als Junge gesetzlich verpflichtet, Mitglied des Jungvolks zur Vorbereitung auf die Hitler-Jugend (HJ ab 14 Jahren) zu werden. Die Mädchen kamen zu den Jungmädeln, und dann zum BDM (Bund deutscher Mädel). Es ist natürlich grotesk, ausgerechnet in England, einem Land, das für seine Ideale des fair play berühmt ist, Papst Benedikt XVI. allen Ernstes in der Presse vorzuwerfen, dass auch er bei der HJ war. Wenn jemand nicht als „Pimpf" beim Jungvolk antreten wollte, wurden die Eltern bestraft. Zum militärischen Marschieren und Exerzieren kam immer wieder die Aufgabe, den Lebenslauf von Adolf Hitler niederzuschreiben, der stets damit begann, dass er als Sohn eines österreichischen Zollbeamten am 20. April 1889 in Braunau am Inn geboren wurde und später gegen das System von Weimar und die Folgen des Versailler Vertrages gekämpft habe.

Im Rahmen der politischen Schulung hat uns unser Jungzugführer, ein im Übrigen ordentlicher Sohn eines Biebricher Bauern, den Text eines Liedes vorgetragen, in dem es hieß „Judendärme glitzern" und der mit den Worten „Hängt den Typ von Stalin!" begann. Wegen der ablehnenden Reaktion der Mannschaft brauchte das Lied nicht auswendig gelernt zu werden. Trotzdem kann ich mich heute noch daran erinnern. Von den Liedern, die wir lernten, fallen mir heute noch manche ein, die bisweilen einen geradezu idyllischen Charakter hatten. Ein Lied, an das ich mich noch erinnere, begann mit den Worten: „Als die gold'ne Abendsonne sandte ihren letzten Schein, letzten Schein, zog ein Regiment von Hitler in ein kleines Städtchen ein … ". Dann war von der Hoffnung auf Arbeit und Brot die Rede. Weniger harmlos klang eines der meist zitierten Lieder: „Es zittern die morschen Knochen der Welt vor dem großen Krieg. Wir haben den Schrecken gebrochen. Für uns war's ein großer Sieg. Wir werden weiter marschieren, wenn alles in Scherben fällt. Denn heute da *hört* uns Deutschland und morgen die ganze Welt". Dieser Text wird meist falsch zitiert, wenn gesagt wird „ … denn heute *gehört* uns Deutschland und morgen die ganze Welt". Es wurden dem Lied, das übrigens gar nicht von der HJ stammt, zu Unrecht Welteroberungsabsichten unterstellt. Gesungen wurde auch häufig ein Lied, das ebenfalls viel älter als die HJ ist: „Ein Kampf ist entbrannt, und es blitzt und es kracht, und es tobt eine blutige Schlacht. Es kämpfen die Buren bei Oranje-Transvaal gegen Engelands große Übermacht" – es handelt sich um den Kampf in Südafrika um die Wende des 19. zum 20. Jahrhunderts.

Die verbrecherische Seite der Hitlerjugend trat jedoch insbesondere kurz vor Kriegsende deutlich hervor, als junge Menschen zu sinnlosen Taten und Kampfeinsätzen verleitet wurden. Wir Biebricher Pimpfe blieben davon zum Glück verschont. Meine eigenen Jugendführer waren von nationalsozialistischem Fanatismus frei geblieben. Meinem „Fähnleinführer" Schneider vom Fähnlein 16 „Rossbach", der von vornherein einen umgänglichen Eindruck machte, lagen propagandistische und martialische Kraftakte völlig fern. Ihn traf ich später zu unserer beiderseitigen Freude bei der Firma Kalle, wo ich eine kaufmännische Lehre machte. Er war als Leiter der Devisenabteilung tätig und wurde daher „Devisen-Schneider" genannt, um ihn von seinem Kollegen, der auch Schneider hieß, dem „Aufschneider", zu unterscheiden. Dieser konnte seinen Beruf als erfolgreicher Reisender auch im privaten Bereich nicht verleugnen.

Der Schulalltag war äußerlich von nationalsozialistischen Formen geprägt. Wenn der Lehrer in die Klasse trat, standen alle Schüler wie ein Mann auf; er sagte „Heil Hitler!" und die Klasse wiederholte den „deutschen Gruß" mit kräftiger Stimme und erhobenem Arm wie aus einem Munde. Kaum ein Lehrer schlug militärisch die Hacken zusammen und erhob zackig den rechten Arm, wie beispielsweise unser Deutschlehrer Reichmann, der sich rühmte, Propagandaleiter der NSDAP zu sein. Die meisten zogen es vor, beim „Heil Hitler!" mit angewinkeltem Arm eher abzuwinken. Das galt insbesondere für unseren Oberstudiendirektor Dr. Hoernecke, selbst wenn er von dem amtierenden Oberstudienrat die Meldung der zum Appell angetretenen Schüler entgegennahm. Dessen betont lässige und auffällig unvorschriftsmäßige Art, die im Gegensatz zu dem militärischen Charakter des Appells stand, hat auch mein Klassenkamerad Gerhard Moos in seinem Buch „Feuer bis zur Asche" plastisch beschrieben. Nach einer Ansprache sangen alle Schüler und Lehrer gemeinsam das Deutschlandlied und „Die Fahne hoch" mit erhobenem rechtem Arm, der – wenn er zu ermüden begann – vorsichtig auf die Schulter des Vordermannes gelegt wurde, sofern er die richtige Größe hatte. Hausmeister Kohlepp begleitete die Nationalhymnen auf der Trompete.

Während des Krieges wurde der Unterricht immer wieder durch Fliegeralarm unterbrochen, der alle zwang, den Luftschutzkeller aufzusuchen. Die Unterbrechung wurde besonders von den Schülern begrüßt, die mit ihren Hausaufgaben nicht fertig geworden waren. Bei den Bombenangriffen auf Wiesbaden wurden auch große Teile unseres Schulgebäudes zerstört. Weniger aufregend war das Sammeln von Kartoffelkäfern, das der

Erhaltung des wichtigsten Grundnahrungsmittels in Krieg und Notzeiten diente. In der Kriegspropaganda hieß es, amerikanische Flugzeuge hätten sie abgeworfen, um die Versorgung der Bevölkerung zu beeinträchtigen. Daran ist lediglich richtig, dass der schwarz-gelb gestreifte Schädling tatsächlich vor Jahren einmal versehentlich aus Amerika eingeschleppt worden war.

Zum Kriegsende liegen von mir selbst verfertigte Notizen vor. Mein erstes „Tagebuch" auf Notizzetteln in einem Schreibblock begann am 18. März 1945 mit der Notiz über die Sprengung der Kaiserbrücke bei Mainz durch deutsche Pioniere. Eine entscheidende Wende stellte die Meldung dar, dass die ersten amerikanischen Truppen am 28. März 1945 um 9 Uhr morgens nach einem unregelmäßigen in der Ferne vernehmbaren Gefechtslärm in Biebrich einmarschiert sind. Als wir aus der Tür traten, sahen wir, wie sich die ersten amerikanischen Soldaten vorsichtig mit Gewehr im Anschlag näherten. Aus dem Luftschutzkeller des ehemaligen Kalle'schen Kaufhauses gegenüber der Oranier-Gedächtniskirche kam eine Gruppe deutscher Soldaten mit weißen Fahnen. Sie wirkten fröhlich und entspannt und ließen sich auch durch die spitzen Rufe einer Nachbarin aus der Skagerrakstraße „Ihr Feiglinge" nicht beirren. Alle anderen Nachbarn empfanden Erleichterung und durchaus keine Furcht gegenüber den einrückenden Truppen.

Noch am gleichen Tag hieß es, bei der Firma Riedl könnte man Wein bekommen. Als wir hinkamen, sahen wir die weinende Frau Riedl, die berichtete, liebe Nachbarn hätten ihr den Schlüssel abverlangt und sie hätte nichts machen können, als sie anfingen, den Weinkeller auszuräumen. Fast alle Nachbarn zogen sich dann doch zurück, bis auf Herrn

Zitzmann aus unserem Haus, der ein Fass Tokajer nach Hause rollte. Er verteilte den Inhalt aber in Flaschen gleichmäßig an die Hausgemeinschaft im Luftschutzkeller und wurde auf diese Weise seinem Ruf als Edelkommunist gerecht. Auch wir Kinder bekamen bisweilen einen Schluck im Luftschutzkeller, den wir wegen des deutschen Artilleriebeschusses vorläufig noch nicht verlassen konnten. Daher kann ich mich auch noch so gut an Herrn Zitzmann und seinen Tokajer erinnern. Unser weißer Schrank wurde erst am 19. Mai 1945 wieder in die Wohnung zurückgebracht, wie in meinem Tagebuch ausdrücklich vermerkt wurde. Zu diesem Zeitpunkt war der Krieg mit Sicherheit zu Ende.

Vor dem Eintreffen der alliierten Truppen war man im Luftschutzkeller, wo sich alle Hausbewohner zwangläufig immer wieder trafen, übereingekommen, vor den Kellerfenstern einen Steinwall zu errichten, um einen Schutz gegen Bomben und Beschießungen zu schaffen, der nach dem ständigen Gefechtslärm in der Umgebung zu erwarten war. Bei diesen Schanzarbeiten fiel meinem Vater ein schwerer Steinbrocken auf das Bein. Er kam mit seinem Beinbruch gerade noch rechtzeitig vor der absoluten Ausgangssperre ins Josefs-Hospital in ein Krankenzimmer, wo er von zwei Arbeitskollegen der Firma Kalle, zwei Doktoren der Chemie, die dort ebenfalls ärztlich behandelt wurden, mit großem Hallo begrüßt wurde. Alle waren natürlich sehr interessiert, wie der Krieg zu Ende ging. Radio gab es damals noch nicht im Krankenhaus; das Fernsehen war zwar schon erfunden und bei der Olympiade 1936 eingesetzt worden, aber im Übrigen noch völlig unbekannt. Sobald der Artilleriebeschuss nachließ, besuchten wir unseren Vater im Krankenhaus. Ich sammelte für ihn und seine Zimmerkameraden die neuesten Meldungen, die ich im

Radio hörte, auf einem in der Mitte gefalteten DINA-4-Blatt, das ich mit der Überschrift „Biebricher Post" versah. Auf diese Weise kam es zu einem Überblick über den Zusammenbruch des Hitler-Regimes aus der Sicht eines Zwölfjährigen. Weitgehend wörtlich zitiert wurde aus zwei verschiedenen im einzelnen angegebenen Quellen, die sich erheblich widersprachen: auf der einen Seite der deutsche Rundfunk (zuletzt sagte ich nur noch „Nazi-Sender"), solange er noch senden konnte, auf der anderen Seite „Radio Luxemburg, ein Sender der Vereinten Nationen ". In dem deutschen Sender war bis zuletzt noch von anhaltendem heldenhaftem Widerstand beispielsweise in Hannover die Rede, während nach Radio Luxemburg die Stadt von 200 Infanteristen eingenommen werden konnte, da sich die deutsche Besatzung ergeben hatte. Kurios ist eine Kurzmeldung, nach der Franzosen, die als Kriegsgefangene oder Zwangsarbeiter tätig waren, angeblich lieber in Deutschland bleiben wollten, weil sie in ihrer Heimat Arbeitslosigkeit befürchteten. Radio Luxemburg meldete immer wieder von den Untaten einzelner Naziführer, so von einem Parteiführer namens Steinhorst, der den Befehl gegeben hatte, alle umherstreifenden deutschen Soldaten zu erschießen, mit eigener Hand 25 umgebracht hatte, dann aber selbst mit einem Lazarettzug geflohen sei, während die Verwundeten zurückbleiben mussten. Schörner, der zum Generalfeldmarschall befördert worden sei, habe gesagt, wenn tausend deutsche Jungen sterben und dadurch ein einziger feindlicher Panzer beschädigt werde, sei ihr Tod gerechtfertigt.

Von der Befreiung von Konzentrationslagern wurde im Rundfunk laufend berichtet, so am 18. April 1945 von Nordhausen am Harz, wo von ursprünglich 3000 Gefangenen nur noch 500 am Leben waren. In Langenstein seien im April täglich 30 bis 40 Menschen umgebracht worden. Die deutsche Bevölkerung sei zwangsweise durch ein Konzentrationslager bei Celle geführt worden; viele seien ohnmächtig geworden. In Dachau wurden 32.000 Gefangene befreit (Radiomeldung vom 30. April 1945). Befreite Gefangene aus dem Lager Belsen wurden ins Lazarett gebracht. In Radio Luxemburg wurde immer wieder betont, dass das deutsche Volk insgesamt an den Naziverbrechen schuld sei, weil es sie geduldet habe. Im gleichen Atemzug wurde gesagt, die Deutschen sollten selbst für ihre Ernährung sorgen und nicht auf eine Hilfe der Alliierten hoffen.

In der von mir vermerkten Meldung über die Weltkonferenz der Vereinten Nationen von San Francisco vom 25. April 1945 wurde die Rede des US-amerikanischen Präsidenten Truman angeführt, in der er die Sorge um die leidende Menschheit zum Ausdruck brachte und die Aufhebung des Grundsatzes „Macht vor Recht" verkündete. Gleichzeitig wurde jedoch immer noch von den andauernden Kämpfen in Deutschland berichtet. In München wurde Ende April unter Führung des früheren Nazi-Führers Ritter von Epp der Rundfunk besetzt und zur Einstellung des sinnlosen Widerstandes aufgerufen. Der Sender fiel dann wieder in die Hand der Nazi-Führung, die zur Fortsetzung des Kampfes aufforderte. Die 7. Armee besetzte dann schließlich München, von der gesamten Bevölkerung mit weißen Fahnen begrüßt. Auch wurde gemeldet, dass Reichsmarschall Hermann Göring ebenfalls versucht habe, Hitler zur Einstellung des Kampfes zu bewegen, und er deshalb abgesetzt worden und geflohen sei. Großadmiral Dönitz erklärte nach einer Rundfunkmeldung vom 2. Mai 1945, Hitler habe ihn zu seinem Nachfolger bestimmt, bevor er den Heldentod gestorben sei. In einem Tagesbefehl habe Dönitz angeordnet, dass der noch nicht eroberte Teil von Berlin weiter verteidigt werden soll. Heinrich Himmler sei in Lübeck mit Graf Bernadotte zusammengetroffen, um über die Kapitulation zu verhandeln. Nach Himmlers Angaben sei Hitler an Hirnblutungen gestorben – was im Falle von Roosevelt zutraf. So wird alles in der letzten Ausgabe meiner selbst gebastelten „Biebricher Post" Nr. 11 vom 3. Mai 1945 dargestellt, in der es am Ende heißt: „Köln ist der größte Trümmerhaufen der Welt. Licht und Wasser sind wieder einigermaßen intakt ... Gerüchte sagen, Berlin sei gefallen." Von dem Selbstmord Hitlers gemeinsam mit seiner ihm zuvor angetrauen Ehefrau Eva habe ich im Rundfunk damals nichts gehört.

# 5. Nachkriegszeit

Nach dem Ende des Krieges dauerte es einige Zeit bis zur Wiederaufnahme des Unterrichts, da unsere Schule von mehreren Bomben getroffen worden war. Bei deren Wiederaufbau haben einige in der Nähe wohnende Schulkameraden selbst mitgeholfen. Damit die Kinder nicht ihr gesamtes Schulwissen wieder vergäßen, organisierten einige Eltern in Biebrich Privatunterricht bei einem Fräulein Augustin, die wegen ihrer schwachen Stimme keine Anstellung im Schuldienst gefunden hatte. Ihr Englisch war ein typisches Old-Lady-British: Sie sprach von dem „but-Laut", der wie „bött" ausgesprochen wurde; so sagt man auch heute noch „Pömps" für bestimmte halbhohe Damenschuhe. Jeder Anklang an eine amerikanische Aussprache und amerikanische Ausdrücke wurden als falsch verworfen.

In der Schule begann dann der Unterricht erst am 5. Februar 1946. Ich konnte mir zunächst kaum vorstellen, dass ein Lehrer in die Klasse kommt und nicht „Heil Hitler!" sagt, obwohl mir das natürlich klar war. Die Klassen V a und V b wurden zusammengelegt. Nachdem sich der Unterricht einigermaßen konsolidiert hatte und die neuen Klassen gebildet waren, wurden wir bald unmittelbar in demokratische Strukturen eingeführt. Die Gedanken der Schülermitverwaltung wurden begierig aufgegriffen. Wir wählten Gerd Moos zum ersten Klassensprecher, der durch seine früh entwickelte soziale Kompetenz im Ergebnis mit viel Erfolg tätig war, auch wenn es zunächst durchaus noch Lehrer gab, die mit einer Ohrfeige reagierten, wenn er sie auf dem Flur wegen einer Angelegenheit der Klasse ansprach. Moos wurde später Präsident des Studentenparlamentes und im hessischen Schuldienst ein angesehener und beliebter Lehrer, Leiter der ersten und größten Gesamtschule in Frankfurt, eines Abendsgymnasiums, Staatssekretär im Kulturministerium und Schulamtsdirektor in Wiesbaden. Schon als Schüler der Mittelstufe wurde er von den übrigen Klassensprechern zum „Schülerratspräsident" gewählt – heute zieht man den weniger pompösen Titel „Schulsprecher" vor – schließlich auch „Stadtschülerringspräsident". Bei der Trauerfeier am 22. Juli 2008 wurden seine Verdienste als Lehrer und Mensch in eindrucksvoller Weise hervorgehoben. Insofern ist er sich stets gleich geblieben, nur dass er sich zuletzt nicht mehr Gerd, sondern Gerhard nannte.

Als Klassensprecher leitete er einige Jahre hindurch auch die so genannten Klassengemeinden, auf denen aktuelle Fragen aus dem Schulalltag erörtert und Lösungsvorschläge durch Abstimmung beschlossen wurden. Es wurden Klassenabende und Schulausflüge in eigener Verantwortung veranstaltet. Die Diskussionsfreude in allen Lebensbereichen – auch im Unterricht – ließ kaum Spätfolgen der Unterdrückung während der Kriegszeit erkennen, wenn auch nicht alle Lehrer sofort mit dem neuen Selbstbewusstsein der Schüler zurechtkamen. Demokratische Diskussionskultur wurde nicht nur in unseren Klassenräumen, sondern auch bei verschiedenen Zusammenkünften, wie insbesondere im Amerika-Haus, eingehend eingeübt.

Selbständigkeit und Eigeninitiative zeigten sich dann später in der Oberstufe vor allem auch bei der Planung und Ausgestaltung unserer großen Klassenfahrt durch die Schweiz, Südfrankreich, Italien und Österreich. Im Jahre 1952 wurden die Pläne der Klasse in der Schule und der Elternschaft durchgesetzt. Wir nahmen mit unserer Fahrt in den Süden die erst ein wenig später einsetzende deutsche Reisewelle vorweg. Meine Eltern hielten derartige Reisepläne für maßlos übertrieben. Wir erteilten Nachhilfestunden, um die notwendigen Mittel zu erwirtschaften. Es wurden Vorkehrungen getroffen, um die Fahrt so preiswert wie möglich zu halten. Es wurden vorsorglich Kochgruppen gebildet, um Restaurantkosten zu sparen. Ich weiß heute noch, dass ich mit Gerd Prigge der Kochgruppe Gerd Dommasch angehörte – wenn wir dann auch tatsächlich niemals selbst abkochten. In Italien lernten wir bald Spaghetti durch Drehen der Gabel im Löffel zu essen und das mit affenartiger Geschwindigkeit. Das wurde dann gar nicht so teuer. In den folgenden Jahren wurden Klassenfahrten ins Ausland, vor allem nach Rom und dann auch nach Griechenland, immer selbstverständlicher.

Die jüngste Vergangenheit, insbesondere Wurzeln und Wesen des Nationalsozialismus, kamen im Unterricht kaum zur Sprache. Dafür gab es auch kein Unterrichtsmaterial. Die Lehrer waren froh, Unterlagen für ihren üblichen Unterricht zusammenstellen zu können, weil es zunächst keine Lehrbücher gab und auch die Mathematikbücher, in denen zum Beispiel die Länge von SA-Marschkolonnen zu berechnen war, nicht zugelassen waren. Wegen des Mangels an unbelasteten Lehrern mussten diese zudem oft fachfremden Unterricht erteilen. In der Oberstufe wurden dann allerdings auf fachlich hohem Niveau in unserer Geschichtsarbeitsgemeinschaft mit dem jungen Lehrer Jochen Baumann die Hintergründe des ersten Weltkriegs und im nächsten Jahr das Ende der Weimarer Republik behandelt. Mir ist noch in guter Erinnerung, wie als ein Vorläufer ihres Zusammenbruchs der Preußenschlag 20. Juli 1932 herausgestellt wurde, als Reichskanzler von Papen die preußische Regierung Braun/Severing absetzte, die ein Bollwerk gegen den Nazismus und dessen gewalttätige Demonstrationen war. Als eine Arbeitsgemeinschaft auf den Aschermittwoch fiel, schlug unser Klassenkamerad Manfred Euler vor, sie in eine „Aschermittwoch-Sauf-AG", kurz *AMISAG* umzufunktionieren. Diese besteht heute noch. Allerdings finden die Treffen nicht mehr am Aschermittwoch statt, und sie beziehen heutzutage alle ehemaligen Klassenkameraden ein, die noch am Leben sind.

Zu Beginn der fünfziger Jahre war es noch möglich, auf eine Person oder einen Vorgang der Nazi-Zeit in einer Weise Bezug zu nehmen, die heute als Verharmlosung verpönt wäre. Ein heute schwer verständliches Beispiel für damalige Einstellungen versuche ich an Hand meiner Notizen zu rekapitulieren. Nach meinen Aufzeichnungen veranstaltete unsere Klasse am 23. Juni 1951 im Restaurant Wilhelmshöhe in Sonnenberg einen Klassenabend. In diesem Rahmen sang unser Klassenkamerad Manfred Günzel (der später vorzeitig von der Schule abging, um schließlich freier Schriftsteller zu werden) Schlager wie „Habense nicht ne Braut für mich", wobei er die Texte kühn abwandelte, zum Beispiel „nicht solide, recht oft müde" statt ursprünglich „schön solide, nicht so müde". Dann forderte er als Conferencier unter dem Motto „Eintritt frei" Teilnehmer auf, mit improvisierten Beiträgen mitzuwirken. In dem zu spielenden Sketch bestand meine Aufgabe darin, in einer bestimmten vorgestellten Katastrophensituation glaubhaft eine Person in einem Flugzeug darzustellen, die durch ihre Rede das Publikum davon überzeugt, dass sie wegen ihrer besonderen Bedeutung für die Menschheit vor den beiden anderen hinzu gedachten Personen gerettet werden müsse. Ich entschied mich für – Adolf Hitler, ich weiß nicht mehr, wen die beiden anderen darzustellen versuchten. In meiner „Führerrede" habe ich kühn im Tonfall Hitlers dessen Unentbehrlichkeit für den „Sieg im Kampf gegen Bolschewismus und Plutokratie" so eindrucksvoll hinausgeschrieen, dass ich als Siegestrophäe eine Tafel Schokolade gewann. Dabei kam es dem abstimmenden Publikum nur auf die Komik der Darstellung an, ohne sich des makabren Hintergrundes der Rede bewusst zu sein. Über Hitler glaubte man auch nach der Katastrophe noch, Witze machen zu können. In den Unterlagen über unsere Klassenabende, die Gerd Moos gesammelt hatte, befindet sich noch eine von anderen ausgedachte Rede Hitlers, in der er als Herrscher der Welt seinem russischen Statthalter, dem „Zaren Stalin" und Truman als „Statthalter Amerikas" Aufträge erteilte. Auf Fastnachtsbällen, die nach dem Krieg bald wieder viel Zuspruch fanden, konnte man immer wieder junge Männer treffen, die in ihrem alten Braunhemd aus der Hitlerjugend mit Adolf-Hitler-Schnurrbart auftraten und als Redner und Tänzer Erfolg hatten. Das hing natürlich auch ganz trivial mit dem Mangel an Textilien zusammen, die es nahe legten, die alten Braunhemden noch aufzubrauchen.

Immerhin hatte ja auch Charlie Chaplin in seinem berühmten Film „Der große Diktator" – allerdings noch vor Kriegsausbruch – künstlerisch eindrucksvoll Hitler karikiert. Neuerdings kann man im Fernsehen und im Kino durchaus Komiker wie zum Beispiel Helge Schneider mit Hitlers Maske sehen. Bruno Ganz erhielt als seriöser Hitlerdarsteller die höchste Auszeichnung, den Iffland-Ring, der immer nur dem jeweils größten lebenden Schauspieler deutscher Sprache gebührt, wenn auch sein Film „Der Untergang" trotz mehrfacher Nominierungen keine vergleichbare Auszeichnung erhielt.

# 6. Alltägliche Probleme des Überlebens

Es ist zwar nicht zutreffend, dass „die Unfähigkeit zu trauern" das allgemeine Bewusstsein in der Nachkriegszeit so vollkommen beherrscht hätte, dass die Tragweite der Verbrechen und der Katastrophe völlig aus dem Blick geraten wäre. Aber solange in diesen Notzeiten die alltäglichen Probleme des Überlebens und die Notwendigkeiten des Wiederaufbaus im Vordergrund standen, wurden Gedanken an die jüngste Vergangenheit aus nachvollziehbaren Gründen vielfach überlagert oder aber auch verdrängt. Anstatt sich stärker auf den Wiederaufbau der zerstörten Städte im alten Stile zu konzentrieren, wurden in manchen Städten Ruinen, die erhaltenswert gewesen wären, kurzerhand abgerissen. Als in Frankfurt das im Krieg zerstörte Goethe-Haus recht bald wieder hergestellt wurde, wurde in der Öffentlichkeit Widerspruch laut, den der sehr populäre Oberbürgermeister Kolb so ernst nahm, dass er erklärte, er denke nicht daran, Frankfurt in alter Form wieder erstehen zu lassen, und das im Hinblick auf eine Stadt, in der deutsche Kaiser gekrönt worden waren und das erste deutsche Parlament zusammengetreten war. Zum Glück blieb es nicht bei der Absicht, die Ruinen der Städte als Dokumentation für die Schuld der Deutschen zu erhalten.

Zunächst ging es darum, möglichst viele Wohnungen zur Behebung der Wohnungsnot durch Reparaturen und Neubauten zu schaffen. Der Mangel an Lebensmitteln war die Hauptsorge der neu entstandenen Landesregierungen. Lebensmittelkarten und Bezugscheine waren für alle Gegenstände des täglichen Bedarfs erforderlich. Die Sorge um das Schicksal der eigenen Angehörigen als Soldaten oder Flüchtlinge verdrängte weitgehend den Gedanken darüber, ob die Mörder noch unter uns sind, wie der berühmte Filmtitel lautete, der immerhin zeigte, dass eine Auseinandersetzung mit der Vergangenheit durchaus stattfand.

In welchem Maße sich alles Denken und Trachten gerade eines Kindes darum drehte, was es zu essen gab, ergibt sich aus meinem winzigen selbst gebastelten Tagebuch; denn Hefte waren 1945 sehr knapp. Darin wurde jede einzelne Mahlzeit in ihrer Kargheit eingehend beschrieben. Wegen des Platzmangels waren diese Angaben untrennbar vermischt mit sonstigen Ereignissen. So enthält dieses Tagebuch einen Eintrag über einen Ferienaufenthalt im Rheingau, der für Kinder von unserer Pfarrgemeinde St. Marien in Biebrich vom 9. Juli bis 6. August 1945 in der Nähe von Rüdesheim vermittelt wurde. Die Mütter waren froh, dass sie sich jedenfalls für ein paar Tage nicht um die hungrigen Mäuler zu sorgen brauchten. Das Tagebuch beginnt lapidar „½ 5 angekommen. Essen: Suppe, Pellkartoffel mit Handkäse oder Salat, Kakao. Nächster Tag: Baden und im Walde klettern. Morgens 4 Scheiben Brot (2 Butter u. 2 Gelee). Mittag Butterbrote. 11. 7. … Pellkartoffel mittags mit Lauchgemüse, abends mit Salat und einer Scheibe Wurst. Ein Junge stirbt (herzkrank) … ", eine Darstellung, die sozusagen das „Stirb und Werde" auf engstem Raum zusammenführt.

Das Hauptnahrungsmittel waren wie gesagt Kartoffeln, die wegen der fortgeschrittenen Jahreszeit eine Menge langer weißer Keime angesetzt hatten. Diese wurden vor der Zubereitung von uns ordnungsgemäß entfernt. Es kam auch zu Begegnungen mit den amerikanischen Besatzungstruppen. Am 21. Juli 1945 machten sie eine Haussuchung und nahmen einen Teil des Dampfkessels mit, brachten ihn aber später zurück. Wir bekamen jedenfalls einen Tag keinen Kaffee. Nicht erwähnt ist in meinem Mini-Tagebuch, dass zwei Schreckschüsse abgefeuert wurden, als wir uns in der Nähe des amerikanischen Lagers an einem Obstbaum bedienen wollten. Ich wollte den Schrecken offenbar verdrängen und auch dem Tagebuch nicht anvertrauen, aber die Erinnerung daran kam bei der Lektüre zurück.

Den Anstrengungen um die tägliche Nahrungsbeschaffung konnte sich keiner entziehen. Da wir keine Schule hatten, waren wir Buben aufgerufen, auf der anderen Seite des Rheins Gemüse zu besorgen. Natürlich gab es noch keine durchgehenden Verkehrsverbindungen. Die Straßenbahn Linie 9 fuhr vom Biebricher Rheinufer, wo wir wohnten, nach Mainz-Kastell. Über die von amerikanischen Pionieren erbaute Pontonbrücke auf der Höhe der Kaiserstraße liefen wir zum Mainzer Hauptbahnhof, wo eine Straßenbahn in die Vororte Mombach und Gonsenheim abging. Es war nicht leicht, dort bei den Landwirten für wertlose Reichsmark (1 Zigarette kostete 5 RM) etwas zu bekommen, aber schließlich konnten wir, beladen mit Rucksäcken voll Lauch und Weißkohl, über die Brücke zurückkehren und froh sein, wenn die an der Grenze der Besatzungszonen kontrollierenden französischen Soldaten jedenfalls die Kinder unbehelligt passieren ließen. Erwachsene durften nur mit besonderem Passierschein aus einer Besatzungszone in die andere.

In den folgenden Jahren bedurfte es regelmäßiger Fahrten aufs Land, insbesondere nach Oberhessen, um die kargen Rationen, die es auf Lebensmittelkarten gab, zu ergänzen. Völlig unzutreffend war die übliche Bezeichnung „Hamsterfahrten". Denn es ging ja nicht um die Anlegung größerer, gar unnötiger Vorräte, sondern um die Beschaffung des lebensnotwendigen täglichen Bedarfs. Grundsätzlich war nur etwas zu bekommen, wenn man etwas zu tauschen hatte. Wer nur mit Reichsmark an-kam, konnte sich damit nichts kaufen – eine rühmliche Ausnahme bilde-ten die erwähnten Mombacher Gemüsebauern unmittelbar nach dem Krieg. Da mein Vater bei Kalle in Biebrich arbeitete, wo Cellophan her-gestellt wurde, konnten wir zum Tauschen Einmach-Cellophan zum Ver-schließen von Geleegläsern und später auch Gegenstände und Hüllen aus Folien wie zum Beispiel Regenhauben anbieten. Cellophan-NALO-Wursthüllen (NALO: Abkürzung für „nahtlos") – übrigens das einzige, was heute wie damals noch in Biebrich auf dem früheren Kalle-Gelände hergestellt wird – waren sehr willkommen. Ferner gab es in der Stadt bisweilen noch Dinge, die auf dem Land nicht zu haben waren, wie Spit-zenkragen für Blusen und Kleider, die damals sehr modern waren, aber auch Schnürsenkel, die ein Ei wert waren. Bauernschlaue Bauern wollten uns solche Sachen allen Ernstes gegen Reichsmark abkaufen. Das war ein Fall, wo ich doch bei all meiner freundlichen Schüchternheit etwas un-gehalten wurde und klarstellte, dass wir es unter normalen Umständen nicht nötig hätten, wie Hausierer von Haus zu Haus zu gehen: Wir woll-ten natürlich etwas Essbares eintauschen.

Speck war hoch willkommen, um der zu Pellkartoffeln gereichten Zwie-belsoße einen eigenen Geschmack zu geben. Fertiges Mehl war nicht zu kriegen, da die Mühlen natürlich genau kontrolliert wurden. Wir nahmen deshalb sehr gern Weizen, den wir zu Hause mit einer eigens von meinem Vater konstruierten Schrotmühle verarbeiteten. Wenn es gelang, noch Milch in einem alten Milchtopf zu holen, kam eine nahrhafte Mahlzeit zustande; der Ausdruck „Müesli" war uns noch nicht geläufig. Wir lebten im Grunde gesund, wenn auch karg. Weizenschrot gibt es heute für teures Geld als Biokost im Reformhaus.

Ferner ließ mein Vater spezielle Pressen konstruieren, um aus Raps Rüböl herzustellen, zunächst auf kaltem Wege, dann mit einer Heizvorrichtung. Die damit gebackenen Pfannkuchen schmeckten phantastisch. In den Zeitungen konnte man damals lesen, in welchem Maße der Fettmangel die Entwicklung von Kindern beeinträchtigt. Die Bauern waren interessiert, über die auch für sie geltenden engen Grenzen der Bewirtschaftung hinaus, zusätzlich Öl zur privaten Verfügung zu haben, hatten aber keine Möglichkeit, sich selbst Öl herzustellen. Sie gaben uns deshalb unverarbeiteten Raps für die mitgebrachte Flasche Öl, selbstverständlich war für uns ein Überschuss vorgesehen. Manche meinten ganz schlau, in der Ölmühle bekämen sie einen Liter schon für 5 Pfund und wir verlangten 8 Pfund. Ich habe deshalb gefühlsmäßige Vorbehalte, Rapsöl als „nachwachsenden Rohstoff" als Zusatz zu Benzin oder Heizöl zu verwenden. Neuerdings kommen noch die Bedenken hinzu, dass durch den Einsatz nachwachsender Rohstoffe Nahrungsmittel knapp und teuer werden und in tropischen Ländern durch die Erweiterung der Anbauflächen Urwälder vernichtet werden, die für die Erhaltung des klimatischen Gleichgewichts unentbehrlich sind.

Am Schwersten war es natürlich, Kartoffeln zu transportieren. Da Kartoffeln in riesigen Mengen verbraucht wurden – in einem Winter waren es einmal, glaube ich, acht Zentner für eine Familie von vier Personen – war es vorteilhaft, dass mein Vater einen Firmenwagen zu Fahrten in die nähere Umgebung benutzen konnte, der mit Ehrfurcht bestaunt wurde, weil darauf „Kalle & Co. AG – US-Administration" stand. Das hing damit zusammen, dass die gesamten Werke der IG-Farben unter amerikanischer Verwaltung gestellt worden waren, und damit auch die Firma Kalle in Biebrich.

Einige Einzelheiten über die „Hamsterfahrten" sind bemerkenswert. Am 25. Januar 1946 fuhr ich mit meiner Mutter nach Friedberg in Oberhessen und lief von dort aus zwei Stunden lang zu dem Dorf Dorn Assenheim. Dort waren wir schon durch meinen Onkel, dessen Arbeitskollege ein Familienmitglied der Bauern war, bekannt, und ich bekam Bohnensuppe und Apfelpfannkuchen, ein Glücksfall, der genau in meinem Tagebuch notiert wurde. Die Züge waren immer unheimlich voll, weil viele aus den gleichen Gründen wie wir unterwegs waren. Ich habe in meinem Tagebuch jedes Mal als Besonderheit vermerkt, wenn wir einen Sitzplatz bekamen. Bei einer Fahrt nach Rockenberg und Griedel von Butzbach aus hatte die Kleinbahn am 5. Februar 1946 Verspätung und in Frankfurt bekamen wir keinen Anschluss mehr, um nach Hause zu kommen; es fuhr auch keine Straßenbahn nach Frankfurt-Nied mehr, wo wir bei Verwandten übernachten wollten. So blieb uns nichts anderes übrig, als mit unseren Rucksäcken und unserem selbst gebastelten Wägelchen, das dem Transport von Weizen und Raps diente, im Luftschutzbunker zu übernachten, natürlich nicht ohne zuvor ordnungsgemäß entlaust worden sein, wie in einer Bescheinigung bestätigt wurde. Am 21. Mai waren wir wieder einmal in Dorn Assenheim und ließen uns auch durch den starken Regen nicht aus der Ruhe bringen, ebenso wenig am 16. Juni, als wir wegen des Matsches unser selbst gebasteltes Wägelchen tragen mussten, und am 14. Dezember 1946 im Schnee, in dem es zusammenbrach.

Was das Jahr 1947 betrifft, stieß ich in meinem Tagebuch auf eine Übersicht über unsere „Hamsterfahrten", die statt in einer „Geheimschrift" mit griechischen Buchstaben, aber im Übrigen auf Deutsch, abgefasst ist. Die Geheimhaltung erfolgte vor dem Hintergrund, dass die Polizei, die auf die Einhaltung der Bewirtschaftungsvorschriften zu achten hatte, uns auch unterwegs bisweilen angehalten hat, zum Glück ohne uns aber die erworbenen Lebensmittel abzunehmen. Meine Mutter war insgesamt 21 Mal aufs Land gefahren, ich selbst habe sie dabei neunmal begleitet, je viermal war sie mit meinem Vater und meinem jüngeren Bruder und je einmal mit ihrer Schwester und ihrer Schwägerin unterwegs. Die meisten Fahrten gingen wiederum ins Oberhessische, einige aber auch in Taunusdörfer. Mit der Währungsreform im Jahre 1948 verbesserte sich zwar die Lage allmählich, aber nicht auf einen Schlag. Natürlich gab es zunächst auch noch für kurze Zeit Lebensmittelkarten. Ein Pfund Butter, das früher rund 250 RM gekostet hatte – das entsprach dem Monatsgehalt eines Lehrers im Angestelltenverhältnis – kostete immerhin noch 16 DM. Eine Bäuerin aus Dorn Assenheim meinte, das neue Geld sei auch schon nichts mehr wert.

In meinen Tagebuch-Notizen fällt auf, dass ich damals immer noch jedes geschenkte Stück Schokolade als eine Sensation vermerkt habe. Sie ist laufend Gegenstand von Tagebucheintragungen, so auch noch am 6. Dezember 1948, als wir in der Schule bei einer Nikolausfeier „Kakao, ein Stück Kuchen, 5 Rollen Drops und eine Tafel Schokolade" von den Amerikanern bekamen. Ich weiß noch, wie ich mich unmittelbar vor Kriegsende auf den Einmarsch amerikanischer Truppen nicht zuletzt deshalb richtig freute, weil es hieß, dass schwarze Soldaten Kindern

Schokolade schenkten. Bei mir dauerte es aber dann doch bis zu jener Feier am 6. Dezember 1948.

Hoch anzurechnen ist den Amerikanern auch die Schulspeisung, die immer einen Höhepunkt im Schüleralltag darstellte. Anfangs mussten alle Klassen auf dem Schulhof antreten und warten, bis sie aufgerufen wurden. Ich erinnere mich heute noch daran, wie heißhungrig wir auf den Ruf von Oberstudienrat Macht „Obertertia gym", das heißt Obertertia gymnasialer Zweig, heute 9. Klasse, lauerten. In dieser Klasse waren wir alle anderthalb Jahre, weil das Schuljahr von Ostern bis Herbst verlängert wurde. Die Organisation der Schulspeisung wurde dann rationalisiert. Die blauen Kübel mit Suppen, Kakao oder Haferbrei wurden, was ja an sich nahe lag, in die einzelnen Klassen getragen, um an Ort und Stelle die Schulspeisung auszugeben. Mein mittlerweile leider auch schon verstorbene Freund Bernhard Kaufmann, der 1946 aus Schlesien vertrieben und in unsere Klasse gekommen war, wurde für die Schulspeisung zuständig. Mit dem kräftigen Ruf „Schleim" rief er die hungrigen Gymnasiasten herbei. Einige Jahre später ließ er nicht nur die Schüler, sondern auch die Lehrer nach seiner Pfeife tanzen: als erfolgreicher Leiter von Schülerkapellen, sehr viel später in der Wiesbadener Juristenband.

Die Schulspeisung und alles, was mit Essen und Süßigkeiten zusammenhing, war ein roter Faden für alle meine Tagebuchnotizen. Sie wurden im Übrigen allmählich konkreter und schließlich nicht mehr bloß mit Bleistift geschrieben, sondern mit Tinte. Kugelschreiber waren noch nicht erfunden. Ein großes Ereignis, das natürlich festgehalten wurde, war es, wenn wir aus den USA oder Dänemark, wo mein Vater Geschäftsfreunde hatte, CARE-Pakete erhielten. Bei meinem Jahresrückblick für 1946 wurde die Kürzung der Lebensmittelrationen an erster Stelle erwähnt. Der demokratische Neubeginn in Hessen, ursprünglich „Groß-Hessen", wurde dagegen noch lapidar mit dem Hinweis für 1946 „3 Wahlen" angedeutet: Es handelte sich immerhin um die Kommunalwahlen, die Wahlen zur verfassungsgebenden Versammlung und die erste Landtagswahl, verbunden mit der Abstimmung über die Verfassung, deren 50. Jahrestag am 1. Dezember 2006 gefeiert wurde. In meinen späteren Eintragungen rückte die politische Entwicklung dann jedoch an die erste Stelle, und sie wurde beim jeweiligen Jahresrückblick eingehender dargestellt.

# 7. Auseinandersetzung mit der Vergangenheit

Die erstaunlichen Leistungen des Wiederaufbaus nach den furchtbaren Zerstörungen des Krieges und die gleichzeitige Integration von 12 Millionen von Vertriebenen in einem Land, in dem sehr viele Städte zerstört waren, aber auch die allmähliche Schaffung demokratischer Strukturen in Zusammenarbeit mit den westlichen Alliierten, werden immer wieder durch den Vorwurf in den Schatten gestellt, die Deutschen hätten nicht genügend getan, sich mit der jüngsten Vergangenheit auseinanderzusetzen. In der Zeit unmittelbar nach dem Krieg war die „Entnazifizierung" zunächst ausschließlich Sache der Besatzungsmächte. In den westlichen Besatzungszonen erfasste sie 6,08 Millionen Menschen in den Entnazifizierungsausschüssen zunächst unter Verantwortung der jeweiligen Besatzungsmacht. Erst in der Zeit 1947/48 wurden die Länder in unterschiedlichem Maße an den Spruchkammerverfahren beteiligt; in einigen Ländern wie in Bayern gab es sogar eigene Minister für die Entnazifizierung. Insgesamt wurden 3,66 Millionen Fälle bearbeitet, für die Spruchkammern zuständig waren, die nicht von Juristen geleitet wurden. Für eine nachhaltige Bewältigung der Vergangenheit bot ihr schematisches Vorgehen nicht immer hinreichende Grundlagen. Immer wieder gelang es, sich „Persilscheine" zu besorgen, die manchem alten Nazi bescheinigten, dass er eigentlich schon immer dagegen war. In nicht wenigen Fällen wurden auch Nazi-Verbrecher als „Mitläufer", „minder belastet" oder „nicht belastet" eingestuft, die dann erst nach Jahrzehnten durch die inzwischen geschaffenen deutschen Gerichte wegen Verbrechen gegen die Menschlichkeit verurteilt wurden.

Viele kleine Leute wurden dagegen sofort und unmittelbar von der Entnazifizierung mit dem Verlust des Arbeitsplatzes bestraft. Beispielsweise wurde unser grundgütiger Onkel Hans im Rahmen der Entnazifizierung aus dem Dienst der Stadt Mainz entfernt, weil er denunziert worden war, dass er in der SA war. In diese war er auf Rat des Bischofs von Mainz, dem er ehrenamtlich für wichtige Hilfsdienste zur Verfügung stand, eingetreten. Erst nach Jahren unterschiedlicher Tätigkeiten in Privatbetrieben, zuletzt bei einem Steuerberater, wurde er wieder ins Beamtenverhältnis übernommen und mit verantwortungsvollen Aufgaben in der Liegenschaftsverwaltung der Stadt Mainz betraut. Alle Lehrer, die in der NSDAP waren, wurden zunächst aus dem Dienst entfernt, ohne Rücksicht darauf, dass die Mitgliedschaft praktisch unvermeidlich war, es sei denn, man war als katholischer Geistlicher nicht dem Druck ausgesetzt, der Partei beizutreten. Als Nicht-Belasteter wurde daher unser Religionslehrer Jung kurze Zeit Schulleiter. Bei Spätheimkehrern aus der Kriegsgefangenschaft war man dann einige Jahre später zum Glück nicht mehr so streng: Sie fielen in der Regel unter die Spätheimkehreramnestie.

Vor dem Hintergrund mancher Ungerechtigkeiten und Härten im Verlauf der Entnazifizierungsverfahren, vor allem auch einiger Sterbefälle wegen ungenügender ärztlicher Versorgung in Internierungslagern für Führungskräfte, entstand im Volksmund das Wort „O Herr, gib uns das fünfte Reich! Das vierte ist dem dritten gleich!" Mir liegt aus dem Jahr 1945 eine Verfügung vom 28. September 1945 in einem vervielfältigten Formular vor, in welcher der Name des seit Jahren im Kriege befindlichen Mieters mit Schreibmaschine eingesetzt ist. Danach hat seine Frau (zufällig genau zu ihrem Geburtstag), die niemals politisch tätig war, mit zwei kleinen Mädchen im Alter von zwei und drei Jahren die Wohnung unter Zurücklassung von Hab und Gut sofort zu verlassen. Zur Begründung wird angegeben, dass sie auf „einer Liste der aktivsten, ältesten und tätigsten Nazis" stünden. „Ein Komitee Ihrer Stadt hat Sie und Ihre Familie auf das Sorgfältigste geprüft und ausgewählt. Diese Leute kennen Sie und Ihre Familie und wissen genau, was Sie in den letzten Jahren getan haben … Freunde oder Zeugen mit Papieren oder sonstigen Unterlagen zu Militärregierungsämtern oder deutschen Stellen zu schicken ist zwecklos. Diese Anordnung muss ausgeführt werden und ist weder zu ändern noch rückgängig zu machen". Aus den weiteren Unterlagen ergibt sich, dass unter „alten Nazis" diejenigen zu verstehen sind, die schon vor 1933 in die NSDAP eingetreten sind. In Wirklichkeit hatten die Mutter und ihre zwei kleinen Kinder im Alter von zwei und drei Jahren (!) – die damals Zweijährige ist heute meine Frau – niemals mit den Nationalsozialisten etwas zu tun, abgesehen von ihren Beiträgen für die NSV (Nationalsozialistische Volkswohlfahrt), wie sich aus ihrem Haushaltsbuch ergibt. In dem Schreiben fehlt eine Unterschrift, im Briefkopf heißt es lediglich „Military Government – Militärregierung Heppenheim Bergstraße". Die gesamte Formulierung der Anordnung spricht dafür, dass sie auf den Angaben missgünstiger Nachbarn beruhte, die in einem „Komitee Ihrer Stadt", wie es darin heißt, tätig waren.

Bisweilen wird es als das Verdienst der Studentenunruhen von 1968 hingestellt, sich zum ersten Mal auf deutscher Seite und in eigener Verantwortung der gebotenen Vergangenheitsbewältigung gestellt zu haben. Als die deutsche Justiz wieder ins Leben gerufen war, kam es insbesondere zum größten NS-Verbrecher-Prozess, dem Strafverfahren gegen Aufseher und Lagerverwalter des Vernichtungslagers Auschwitz. Nach vierjähriger Vorbereitung erging das Urteil am 19. August 1965, nachdem 359 Zeugen aus 19 Nationen (von insgesamt 1.300 insgesamt gesammelten Zeugenaussagen) vernommen worden waren. Sicherlich kann auch dieses Urteil ebenso wenig wie ähnliche Verfahren nicht als eine abschließende Abrechnung mit der NS-Vergangenheit angesehen werden. Empörung wurde darüber laut, dass nur sechs Angeklagte zu lebenslänglichen Haftstrafen und elf zu zeitlichen Zuchthausstrafen verurteilt wurden, während in drei Fällen Freisprüche erfolgten. Es setzte sich schließlich aber doch die Erkenntnis durch, dass in einem Rechtsstaat Gerichte nur nachweisbare Verbrechen einzelner Täter verfolgen können. Es kann jedenfalls keine Rede davon sein, dass die Verbrechen der Nazi-Zeit einfach unter den Teppich gekehrt worden wären.

Bei der Auseinandersetzung mit der Zeit des Nationalsozialismus wird immer wieder prominenten Künstlern oder Gelehrten Opportunismus zu einer Zeit vorgeworfen, zu der deutlicher Widerstand möglicherweise noch hätte Wirkung zeigen können. Es fällt nachträglich immer leicht, Widerstand und wirksame Proteste vor dem Hintergrund dessen zu verlangen, was wir heute wissen. Es wird als Versagen der Deutschen hingestellt, nicht früher etwas gegen die nationalsozialistische Regierung unternommen zu haben. Dabei wird übersehen, dass diese bis 1938 auch im Ausland eine heute erstaunlich erscheinende weitgehende politische Anerkennung gefunden hatte, die sich besonders auch bei den Olympischen Spielen 1936 in Berlin und deren internationalem Echo manifestierte. Die Alliierten des Ersten Weltkrieges haben dem Deutschen Reich erst nach Hitlers Machtergreifung wichtige Zugeständnisse gemacht, die sie zuvor den demokratischen Regierungen der Weimarer Republik verweigert hatten, vor allem auf dem Gebiet der deutschen Reparationsleistungen. Großbritannien schloss noch 1935 mit dem Deutschen Reich ein Flottenabkommen, d. h. zu einer Zeit, als das nationalsozialistische Regime beim so genannten Röhm-Putsch längst durch die willkürliche Ermordung auch von Unbeteiligten außerhalb der SA, in der man sich angeblich gegen Hitler verschworen hatte, längst sein wahres Gesicht gezeigt hatte. Bei dieser Gelegenheit wurde auch der letzte Reichskanzler vor Hitler, von Schleicher, ermordet. Inzwischen waren zudem die Nürnberger Rassegesetze ergangen.

Bisweilen geradezu groteske Züge nimmt neuerdings die nachträgliche Konfrontierung berühmter Schriftsteller aus der Flakhelfer-Generation wie Siegfried Lenz und Martin Walser sowie des Kabarettisten Dieter Hildebrand mit dem Vorwurf an, im Alter von 16 oder 17 Jahren der NSDAP beigetreten zu sein, zumal wenn ihre Behauptung, sie seien ohne eigene Mitwirkung deren Mitglied geworden, nicht ohne Weiteres zu widerlegen ist. Rolf Hochhuth, der seinerseits nicht zimperlich mit Vorwürfen der Nazi-Kumpanei war, sprach in diesem Zusammenhang in der Frankfurter Rundschau vom 12. Juli 2007 von Denunziation und Niedertracht.

Im Gegensatz zu anderen Ländern, wo nach der Beendigung der Nazi-Herrschaft der Vorwurf der Kollaboration bisweilen zum Anlass genommen wurde, um sich an persönlichen Feinden zu rächen, kam es in Deutschland kaum zu spontanen persönlichen Abrechnungen mit alten Größen, die als „Goldfasan", Nazi-Bonze, Blockwart oder Ortsgruppenleiter Menschen schikaniert oder denunziert hatten. Es gab aber auch spontane Racheaktionen mit tödlichem Ausgang wie im Falle des Dresdner Gauleiters Mutschmann. Es fragt sich, ob man wirklich den weitgehenden Verzicht auf Racheaktionen den Deutschen zum Vorwurf machen soll. Seit Thomas Mann heißt es immer wieder vorwurfsvoll, die Deutschen hätten halt noch nie eine Revolution hingekriegt. Das ist übrigens historisch unzutreffend: 1918 sind immerhin alle Fürstenhäuser entmachtet worden, die bis dahin in den Ländern herrschten. Die drohende bolschewistische Revolution in Deutschland wurde freilich in der Tat verhindert, als die Auswüchse der russischen Oktoberrevolution bekannt geworden waren. Selbst wenn man bedenkt, dass dabei die Reichswehr und vor allem auch die Freikorps, deren Zusammensetzung und Wirken vom heutigen Standpunkt kaum in allem als „politisch korrekt" angesehen werden mögen, eine wichtige Rolle spielten, bleibt es in erster Linie das Verdienst von Sozialdemokraten wie Noske, die sich dann von Intellektuellen wie auch dem mit Recht hoch angesehenen Schriftsteller Kurt Tucholsky anhören mussten: „Wer hat uns verraten? Sozialdemokraten!". Und die Revolution von 1848 hatte immerhin zu einer Verfassung geführt, auch wenn sie keinen Bestand hatte. Revolutionen verlieren auch durch ihr Scheitern nicht ihren Charakter und ihren Sinn. Auch die Revolution von 1989, die zum Zusammenbruch des real existierenden Sozialismus in Deutschland führte, straft diejenigen Lügen, die den Deutschen keine Revolution zum Schutz der Freiheit zutrauen.

# 8. Staat und Politik in der Nachkriegszeit

Die Geschichte der deutschen Nachkriegszeit ist insgesamt immer wieder äußerst kritisch beurteilt worden. Der Bonner Republik werden fehlende Weltoffenheit und Mängel bei der demokratischen Entwicklung vorgeworfen. Bei allen unbestreitbaren Mängeln und Unzulänglichkeiten wird man ihr jedoch historische Verdienste bei der Eingliederung in das westliche Bündnissystem und damit im Zusammenhang beim Wiederaufbau und der Schaffung demokratischer Strukturen nicht absprechen können. Das wird offenbar auch allgemein in der Bevölkerung eher als bei manchen Intellektuellen, die häufig ihre eigenen Landsleute nicht so recht leiden können, so gesehen, wie es sich auch vor einiger Zeit in einer öffentlichen Umfrage des ZDF zeigte, in der Adenauer als der bedeutendste Deutsche gewählt wurde – vor Goethe, Marx und Einstein. Es war eine äußerst schwierige Aufgabe, nach zwölf Jahren Diktatur der Bevölkerung Demokratie nahe zu bringen, die in der Weimarer Zeit zumindest seit dem Sturz der Reichsregierung Müller 1928 ihre parlamentarische Grundlage verloren hatte.

Ein Kriterium der demokratischen Partizipation ist die Wahlbeteiligung, wenn auch sicher nicht allein. Sie war im Vergleich auch zu traditionellen Demokratien ungewöhnlich hoch. Auch wenn sie in den letzten Jahren erheblich gesunken ist, bleibt sie doch noch höher als in manchen klassischen Demokratien wie den USA und in der Schweiz, wo sie selbst bei Wahlen auf Bundesebene bei wenig über 50 % liegt. Wenn auch nach dem Krieg manch einer wieder in Amt und Würden kam, der bereits im Dritten Reich in führender Stellung tätig war, so waren doch jedenfalls führende Köpfe wie Adenauer, Erhard und Gerstenmaier sowie der Oppositionsführer Schumacher verfolgte Regimegegner. Die antifaschistische Propaganda der DDR unternahm vielfältige vergebliche Versuche, die Bundesrepublik Deutschland als ein Nachfolgeregime des „Dritten Reiches" in aller Welt zu diffamieren, ohne zu berücksichtigen, dass gerade in der Sowjetzone alte Nazis wieder in führende Stellungen kamen, wenn ihnen nur das Politbüro einfach die erforderliche antifaschistische Gesinnung bescheinigte. Die Schaffung einer trotz mancher Mängel funktionierenden Bundesrepublik Deutschland beruhte auf einem allmählichen Hineinwachsen in die Demokratie, nicht auf einer *tabula rasa*, die durch eine sofortige radikale Abrechnung mit der Vergangenheit ohne Rücksicht auf Verluste durchgeführt worden wäre.

Die junge Bundesrepublik Deutschland beschritt bei den Verträgen mit Israel völkerrechtlich völlig neue Wege, die es bisher in der Geschichte noch nicht gegeben hatte, zumal nicht außerhalb eines Friedensvertrages. Sie stießen insbesondere in Israel bei denen, die aus nachvollziehbaren Gründen eine Versöhnung kategorisch ausschlossen, auf erhebliche Widerstände. Adenauer und Ben Gurion setzten jedoch trotz verschiedener gegen sie gerichteter Attentatsversuche den Vertrag über die Wiedergutmachungsleistungen durch, weil sie für Deutschland aus moralischen, aber auch aus wirtschaftlichen Gründen geboten waren und für Israel einen wichtigen Beitrag zum Ausbau des Landes darstellten. Die Zahlung von drei Milliarden DM wäre nicht möglich gewesen, wenn der Wiederaufbau der Wirtschaft nicht so erfolgreich in die Wege geleitet worden wäre. Dass damit zugleich bessere Voraussetzungen für eine internationale Anerkennung Deutschlands geschaffen wurden, die ihr auch bei dem weiteren wirtschaftlichen Aufschwung zustatten kam, schmälert nicht den hohen moralischen Rang der Bemühungen um Wiedergutmachung, die es im Wortsinne natürlich nicht geben kann, da es ausgeschlossen ist, die unsäglichen Verbrechen wieder „gut zu machen".

Der Kern der antifaschistischen Propaganda in der DDR, wo ein vergleichbarer Wiederaufbau wie in der Bundesrepublik Deutschland ausgeblieben war, bestand gerade in dem Vorwurf, von einer Verfolgung der alten Nazis abgesehen und ein kapitalistisches System aufgebaut zu haben. Als es jedoch nicht gelang, die eigene Bevölkerung zu bewegen, im ersten Arbeiter- und Bauernstaat der deutschen Geschichte zu bleiben anstatt in den kapitalistischen Westen zu flüchten, wurde eine Mauer errichtet, die allen Ernstes als „antifaschistischer ‚Schutzwall" gerechtfertigt wurde, als ob man sich gegen den Ansturm ausgebeuteter Opfer des Kapitalismus hätte schützen müssen.

Die Studentenunruhen in der Bundesrepublik Deutschland von 1968 werden noch immer gern als unerlässliche Abrechnung mit der Vergangenheit und Aufbruch zu aufgeklärter Modernisierung hingestellt. Diese Überzeugung wird insbesondere von denen vertreten, denen der angekündigte „lange Marsch durch die Institutionen" in Politik und Medien tatsächlich geglückt ist. Deren lautstarke Empörung ist verständlich, wenn nach 40 Jahren eine ganze Reihe ehemaliger „68er" den Glorienschein der Studentenbewegung durch gezielte nüchterne Feststellungen trüben. Buchtitel wie „Rebellion und Wahn" (Peter Schneider) und „Unser Kampf 1968" (Götz Aly) werden als provozierend empfunden. In diesem Werk heißt es, dass die Söhne anstatt das Schweigen der Väter zu brechen deren antibürgerliches Gehabe aus den dreißiger Jahren wiederholt haben. Ungeniert wurden die damaligen Klischees übernommen:

Geld, Zins und Börse sind böse – und jüdisch. Theodor W. Adorno, auf den sich neben anderen Vertretern der Frankfurter Schule die revolutionären Studenten beriefen, hat in einem Brief an Herbert Marcuse geschrieben: „Die Gefahr des Umschlags der Studentenbewegung in Faschismus nehme ich viel schwerer als Du. Nachdem man in Frankfurt den israelischen Botschafter niedergebrüllt hat, hilft die Versicherung, das sei nicht aus Antisemitismus geschehen, nicht das Mindeste ... " (zitiert von Rainer Hank in der Frankfurter Sonntagszeitung vom 24. Februar 2008, S. 32).

Die Bewegung von 1968 hatte viele Züge der Studentenbewegung aus den 30er-Jahren des 20. Jahrhunderts, die schon vor 1933 von Nationalsozialisten beherrscht war. Horst Mahler, der erst Anwalt der RAF war und nunmehr rechte Extremisten verteidigt, brauchte sich nicht von links nach rechts zu bewegen: er ist sich treu geblieben. Antikapitalismus und Antiamerikanismus von damals sind heute in eine übersteigerte Globalisierungskritik gemündet, die sich nicht selten in gewalttätigen Demonstrationen äußert. Solange die Wirklichkeit nicht den postulierten Maßstäben des sozialistischen Fortschritts entsprach, war es vom Standpunkt der Roten Armee Fraktion konsequent, auf eine gewaltsame Beseitigung des kapitalistischen Systems hinzuarbeiten. Auch sie findet gegenwärtig mehr öffentliches Interesse als ihre Opfer, deren Vertreter sich nur mit einiger Mühe Gehör verschaffen können.

Nach einer ersten Wirtschaftskrise 1967, deren Ausmaß im Vergleich zu der Arbeitslosigkeit um die Jahrtausendwende und zur gegenwärtigen Krise geradezu harmlos wirkt, kam es in der Bundesrepublik Deutschland zu einer Großen Koalition. Sie hatte die verfassungspolitisch außerordentlich wichtige Aufgabe, die für einen souveränen Staat notwendigen Notstandsregelungen in die Verfassung einzufügen. Der Perfektionismus der vorgesehenen Regelungen, der gerade durch die Bemühungen gekennzeichnet war, dem auf Erfahrungen der Vergangenheit beruhenden Argwohn gegen die Regierung zu begegnen, wirkte abschreckend anstatt zu beruhigen. Die Kritik der außerparlamentarischen Opposition an jeder Notstandsgesetzgebung lief im Grunde auf eine Ablehnung des Verfassungsstaates selbst hinaus. Kritiker, die mit der antiparlamentarischen Opposition gegen die Notstandsgesetze auf die Straße gingen, hätten es – wie sie selbst sagten – vorgezogen, die Entscheidungen im Verteidigungsfall eher den noch im Lande verbliebenen alliierten Truppenkommandeuren zu überlasen als einer demokratisch legitimierten deutschen Regierung.

Nach den Erfahrungen mit totalitären Systemen ist zwar ein allgemeines Misstrauen gegenüber dem Staat schlechthin durchaus nachvollziehbar. Es wurde jedoch häufig so getan, als müsse der Widerstand, der während der Diktatur unterblieben war, in der Demokratie nachgeholt werden. Der mögliche Missbrauch staatlicher Zwangsmittel rechtfertigt nicht eine Ablehnung jeder staatlichen Ordnung, die demokratisch legitimiert und kontrolliert ist. Im Falle des Nationalsozialismus ist ferner zu bedenken, dass dieser im Gegensatz etwa zum italienischen Faschismus weit weniger auf eine neue staatliche Ordnung ausgerichtet war – die er freilich auch durch Unrechtsgesetze missbrauchte – sondern sich selbst in erster Linie als „Bewegung" verstand. Für das „tausendjährige Dritte Reich" der Nationalsozialisten waren anders als beim Reich der Römer und beim Heiligen Römischen Reich Deutscher Nation weniger rational-rechtliche

Grundlagen maßgebend, sondern eher sehr diffuse Vorstellungen von Volksgeist, Brauchtum und Sitte oder auch ganz allgemein vom „Leben", über welche der Führer und die Partei im Sinne der nationalsozialistischen Weltanschauung zu entscheiden hatten. Es wird berichtet, dass Mussolini den Verfassungsrechtler Carl Schmitt, der ihn 1936 aufsuchte, gebeten hat, Hitler auszurichten: „Der Staat ist ewig, die Bewegung ist vergänglich". Hitler hatte nie den Ehrgeiz, auf Dauer eine neue Rechtsordnung zu begründen, während sich dagegen Napoleon als Schöpfer des *Code Civil*, dem er seinen Namen gab, auf Gemälden und Monumenten feiern ließ.

Das Ermächtigungsgesetz von 1933, dessen Geltungsdauer auf vier Jahre begrenzt war, wurde niemals auch nur ansatzweise durch eine nationalsozialistische Reichsverfassung ersetzt. Als 1937 seine Verlängerung anstand, wurde im Reichsinnenministerium zwar ein neues „Gesetz über die Reichsgesetzgebung" vorbereitet, das die künftige Verfassung des Dritten Reiches „in die Hände des Führers" legen sollte. Hitler lehnte dies jedoch in letzter Minute ab. Sein Reich sollte kein Staat in irgendeinem „verfassten" Sinne sein, in dem er womöglich selbst an irgendwelche Normen gebunden wäre. Bezeichnend für die typische Missachtung staatlicher und rechtlicher Kategorien ist es, dass in der damaligen Fassung der heute noch benutzten Gesetzessammlung „Schönfelder" an der Stelle, an der sich heute das Grundgesetz befindet (Nr. 1), das Parteiprogramm der NSDAP von 1920 unverändert abgedruckt war. Darin hieß es unter Punkt 19: „Wir fordern Ersatz für das der materialistischen Weltordnung dienende römische Recht durch ein deutsches Gemeinrecht". Obwohl seit 1900 ein Bürgerliches Gesetzbuch (BGB) – in der Schönfelder-

Sammlung schon damals unter Nr. 20 abgeheftet – das bis dahin in manchen Gebieten tatsächlich noch unmittelbar geltende gemeine römische Recht abgelöst hatte, blieb das Parteiprogramm bis zuletzt unverändert wie eine Verfassungsnorm bestehen. Juristische Kategorien waren Hitler ohnehin zuwider. Er konnte im Allgemeinen unbedingten Gehorsam voraussetzen und war nicht darauf angewiesen, seine Entscheidungen zu begründen. Er hat einmal seinen Ärger über eine Entscheidung des Reichsgerichts im Jahre 1943 in einer Rede Luft gemacht, in der er ankündigte, nicht zu ruhen und zu rasten, bis er dem letzten Volksgenossen klar gemacht habe, dass es eine Schande sei, Jurist zu sein. Staat und Partei wurden in rechtlichen Bestimmungen ausdrücklich gleichgesetzt. Mit Hilfe derartiger gesetzlicher Fiktionen konnte freilich nicht erreicht werden, dass die unterschiedlichen Strukturen effektiv zusammengeführt werden konnten.

Zu Unrecht wird immer wieder angenommen, dass eine Diktatur zumindest den Vorzug hätte, mit einer klaren nachvollziehbaren Ordnung verbunden zu sein. In Wirklichkeit ist eine rational-funktionierende Ordnung ohne das Bestehen freiheitlicher Spielräume nicht denkbar – wie auch umgekehrt Freiheit ohne bestimmte Mindestformen von Ordnungsstrukturen nicht bestehen kann. Der gefährlichste Staat ist der abwesende Staat, der seinen Aufgaben zum Schutz der menschlichen Freiheit als kooperativer Verfassungsstaat nicht gerecht wird. Unter der nationalsozialistischen Herrschaft herrschte statt der angenommenen straffen staatlichen Ordnung in vielen Bereichen ein Zuständigkeitswirrwarr, der vor allem darauf zurückzuführen war, dass sich unterschiedliche Parteistellen, die sich auch untereinander oft nicht einig waren, rigoros in alle staatlichen Angelegenheiten einmischten. Bei vielen willkürlichen Entscheidungen berief sich jeder auf einen wirklichen oder vermeintlichen Willen des Führers. Dabei ist das Bemühen festzustellen, sich gegenseitig bei der Erfüllung des Führerwillens zu übertreffen.

Es liegen jedoch in vielen entscheidenden Angelegenheiten keine ausdrücklichen Führerbefehle vor, mit denen die nationalsozialistischen Verbrechen, insbesondere die Tötung der Juden, förmlich angeordnet worden wären. Im Gegensatz dazu pflegte Stalin Mordbefehle eigenhändig zu unterschreiben, so allein bis zum Ende des Großen Terrors im November 1938 362 Erschießungslisten mit rund 40.000 Namen. Hitlers persönliche Verantwortung für die Verbrechen kann freilich wegen des Fehlens eigenhändig unterschriebener Mordbefehle nicht in Frage gestellt werden. Die Beschlüsse der Wannsee-Konferenz zur „Endlösung der Judenfrage", von deren Zielen die Teilnehmer, selbst ein leitender Beamter der Reichskanzlei zu Beginn der Beratungen keine Ahnung hatten, wurden als streng geheim eingestuft und erst nach Ende des zweiten Weltkrieges bekannt. Das Protokoll kam gegen den ausdrücklichen Befehl der politischen Führung zustande.

Die streng angeordnete und weitgehend beachtete Geheimhaltung, deren Nichtbeachtung sogar mit dem Tod bestraft werden konnte, spricht gegen die verbreitete Behauptung, alle Deutschen seien über die Planung der Judenmorde frühzeitig genau informiert gewesen oder gar dafür eingetreten. Auch die Andeutungen, die nachträglich in Hitlers „Mein Kampf" hineingelesen worden sind, lassen die Absicht, die Juden nach der Machtergreifung zu ermorden, nicht ohne weiteres erkennen, auch wenn ein blindwütiger Antisemitismus, der als roter Faden das Buch durchzieht, einen derartigen Gedanken nahe legen konnte. Nach der Machtergreifung wurden in der nationalsozialistischen Propaganda und in den großen Führerreden wie insbesondere der vom 28. April 1939 Hitlers persönliche Erfolge bei der „Wiederherstellung der Ordnung" und der „Wiederherstellung der tausendjährigen historischen Einheit des deutschen Lebensraums" immer wieder in den Vordergrund gehoben, während die „Beseitigung der Juden" und „Kampf um Lebensraum" mit keinem Wort erwähnt werden, wenn auch diese Ziele tatsächlich von vornherein verbissen verfolgt wurden. Die meisten Menschen waren sich nicht darüber im Klaren, welches Schicksal den Juden tatsächlich zugedacht war, die vor den Augen vieler abtransportiert worden sind.

Selbst jüdische Opfer, die der Vernichtung entkommen sind, haben beteuert, dass sie selbst nach ihrer Ankunft in Auschwitz keine Ahnung hatten, was ihnen unmittelbar bevorstand. Immer wieder wird in der zeitgenössischen Literatur der pauschale Vorwurf erhoben, die Deutschen hätten in ihrer Mehrheit die Judenverfolgung mit all ihren Konsequenzen nicht nur genau gekannt, sondern auch gebilligt. Gerade auch jüdische Autoren wie Victor Klemperer widersprachen dieser Auffassung mit Nachdruck. Der Bayreuther Professor Konrad Löw ist dessen Hinweis nachgegangen, dass das deutsche Volk die Judenverfolgung abgelehnt habe, und hat in der Literatur jüdischer Autoren weit über hundert Stimmen in diesem Sinne gefunden. In einer Veröffentlichung im „Deutschlandarchiv", das von der Bundeszentrale für politische Bildung herausgegeben wird, hat er 2004 geschrieben: „Wir dürfen nicht zögern, die Verbrechen des NS-Regimes als wichtigen Teil der deutschen Geschichte zu bekennen. Aber wir sollten jenen entgegentreten, die allgemein von deutscher Schuld sprechen, wenn damit gemeint ist, dass die große Mehrheit der damals lebenden Deutschen mitschuldig gewesen sei an einem der größten Verbrechen der Menschheitsgeschichte. Ein solcher Vorwurf ist ungeheuerlich, wenn er nicht bewiesen wird. Dieser Nachweis wurde bis heute nicht erbracht". Dieser Artikel stieß auf eine forciert verbreitete Entrüstung, die in dem absurden Vorwurf des Antisemitismus gipfelte und schließlich dazu führte, dass die Restauflage von Heft 2/2004 makuliert wurde (vgl. Löw in der FAZ vom 11.06.2008, S. 38): Der Reißwolf ist neuerdings offenbar an die Stelle der früher üblichen Bücherverbrennungen getreten, wenn eine Publikation nicht der als verbindlich angesehenen Meinung entspricht.

# 9. Tragweite humanistischer Bildung

Bei der Suche nach den Ursachen des Nationalsozialismus ist bisweilen auch das humanistische Gymnasium auf die Anklagebank geraten. Damit erhält die aberwitzige These von Joseph Goebbels, die gesamte deutsche Geschichte sei auf das Dritte Reich hinausgelaufen, eine absurde posthume Rechtfertigung. Alles, was in Deutschland jemals getan und gedacht worden ist, gerät auf diese Weise unter Generalverdacht, sei es nun Martin Luther, Friedrich der Große, Bismarck, Kaiser Wilhelm II. oder eben auch die humanistische Schulbildung. Natürlich gab es auch in der Antike autoritäre Herrschaftssysteme, mit denen kritisch auseinanderzusetzen sich lohnt. Entscheidend kommt es für uns aber darauf an, dass die wichtigen Prinzipien der Republik und der Demokratie in Athen und in Rom ihre Wurzeln haben. Eine gute Vorkehrung gegen diktatorische Systeme ist die Berücksichtigung dieser geschichtlichen Erfahrungen.

Die Demokratie hatte im alten Griechenland, vor allem in Athen, ihren Ursprung, wie im Unterricht am humanistischen Gymnasium immer wieder mit Recht hervorgehoben wird. Dabei fällt auf, dass die Verfassung der Vereinigten Staaten von Amerika von 1787, in der zum ersten Mal in einem einheitlichen Dokument Demokratie und die klassische Gewaltenteilung verankert wurden, bei uns in der Schule doch nicht so deutlich hervorgehoben wurde, wie man es in der amerikanischen Besatzungszone erwartet haben könnte, wo man sich die Erziehung zur Demokratie in besonderem Maße zum Ziel gesetzt hatte. Es ist kein Zufall, dass sich in Washington die Architektur des Kapitols, des amerikanischen Obersten Gerichtshofes und des Weißen Hauses an griechischen Vorbildern orientiert. Eine bemerkenswerte Parallele zwischen der griechischen und der amerikanischen Demokratie besteht im Übrigen auch darin, dass die Idee der Demokratie durchaus mit der Sklaverei als vereinbar angesehen wurde. So schwer dieser immer wieder erhobene Vorwurf vom heutigen Standpunkt auch wiegt, wird man im Ergebnis doch nicht das Bestehen einer demokratischen Ordnung bloß deshalb verneinen können, weil Perikles wie Washington und Jefferson auch Sklaven hielten (nur Präsident Adams lehnte die Sklaverei aus Überzeugung ab), blieben sie doch demokratische Führungsgestalten, die sich von Tyrannen des Altertums und der Neuzeit wesensmäßig unterschieden.

Wer sich mit der humanistischen Tradition auseinandersetzt, wird immer wieder von der Konstanz bestimmter Probleme und Konstellationen des menschlichen Zusammenlebens beeindruckt. Politische Machtkämpfe, aber auch die Politikverdrossenheit der Bürger, waren im alten Athen und in der römischen Republik ebenso verbreitet wie in unseren Tagen. Viele Athener Bürger drohten die Lust zu verlieren, ihren Verpflichtungen in der unmittelbaren Demokratie der Polis nachzukommen und an Theatervorstellungen und Volksversammlungen teilzunehmen, bis sie dafür ein Entgelt, den heute noch sprichwörtlich bekannten Obolus, bekamen. Die Tradition der antiken Rhetorik lässt sich bis in die Gegenwart verfolgen. Abraham Lincolns berühmte Gettysburg Address vom 19. November 1883 war von der Gefallenenrede des Perikles aus dem Jahre 431 oder 430 vor Christi Geburt beeinflusst, deren Kern das Bekenntnis zu Freiheit und Demokratie ist. Hinsichtlich der Redesituation besteht freilich ein wichtiger Unterschied: Lincoln hielt nämlich nur eine Rede von drei Minuten, die im Gegensatz zu der vorangegangen Rede eines Harvard-Professors für altgriechische Geschichte von mehr als zwei Stunden mit vielen klassischen Zitaten zunächst kein besonderes Echo in der Öffentlichkeit fand. Die lange Rede des Professors wurde damals begeistert aufgenommen; heute ist sie vergessen. Auf Lincoln und sein Versprechen der Freiheit für alle Amerikaner berief sich dann insbesondere auch Martin Luther King in seiner berühmten Rede vom 28.08.1963 „Ich habe einen Traum", die in den USA ein Meilenstein zur Überwindung der Rassentrennung darstellt.

Die Auseinandersetzung mit historischen Texten in einer schwierigen Sprache wie Latein oder Griechisch ist für Lehrer und Schüler keine leichte Aufgabe. Die unvermeidbaren Anstrengungen, die damit verbunden sind, sollten jedoch die menschlichen Aspekte, die den Kern des Begriffes Humanismus bilden, nicht verdecken. Unser Griechischlehrer Dr. Tabeling – von uns kurz „Tabs" genannt – sagte einmal, eine Stunde, in der nicht einmal gelacht wurde, ist pädagogisch wertlos. Und ist das nicht schön, wenn er sagte, εραω (erao), ich liebe, wird mit dem Genitiv der Sehnsucht konstruiert. Unser Mitschüler Dr. Franz Werner Michel hat seine Begeisterung für die humanistische Tradition auf seine vier Kinder derart überzeugend übertragen, dass sie alle Griechisch mit Erfolg als Leistungskurs gewählt haben. Es ist daher sehr bedauerlich, dass Griechisch schon seit einiger Zeit ein Schattendasein führt, wie das Statistische Jahrbuch für 2005 und 2006 zeigt, in dem für ganz Deutschland 15.036 Schüler gezählt werden. Die Folgen des Übergangs zum Bachelor- und Master-Modell führen zu einer noch größeren Gefährdung für „kleine Fächer".

Die Zahl der Lateinschüler ist dagegen in nahezu allen Bundesländern wider Erwarten der Kultusverwaltungen in erstaunlichem Maße gestiegen. In der Frankfurter Allgemeinen Zeitung vom 29. Dezember 2008 ist von über 800.000 Lateinschülern die Rede. Man kann in der Tat das Lateinische die erfolgreichste Sprache der Welt, die „Königin der Sprachen" („regina linguarum") nennen. Durch die Römer wurde nicht nur die griechische Kultur durch Jahrtausende vermittelt. Ihre Sprache ist nicht nur – wie Heinrich Heine einmal mit boshaften Witz bemerkte – „eine Commandosprache der Feldherren, eine Dekretsprache für Administratoren, eine Justizsprache für Wucherer, eine Lapidarsprache für das steinharte Römervolk". Latein ist auch nicht nur, wie es vielfach überbetont wurde, durch die Struktur seiner Begrifflichkeit eine Grundlage der formalen Bildung, so wichtig dieser Gesichtspunkt auch sein mag. Die Lateiner haben in der Literatur eine neue Kunstform, die Satire, geschaffen. Das wird oft übersehen, besonders von denen, die allzu schulmäßig an das Latein herangehen. Es ist kaum bekannt, dass insbesondere Horaz viele satirische Gedichte verfasst hat, die auch den viel zitierten Satz enthalten „Dulce et decorum est pro patria mori" („Süß und ehrenvoll ist es, für das Vaterland zu sterben"); er wurde aus dem Zusammenhang gerissen und bierernst genommen. Die alten Römer haben in Dichtung und Philosophie schöpferisch neue Weichen gestellt und die Griechen nicht nur nachgeahmt, sondern sie übertroffen. Lateinisch ist im Kern Jahrhunderte hindurch dieselbe Sprache geblieben, die zuerst Cicero, Tacitus und der Bibelübersetzer Hieronymus, dann aber auch Einhard, Dante und Petrarca, Erasmus, Kepler und schließlich auch Leibniz gesprochen haben, wie Wilfried Stroh in seinem Buch „Latein ist tot, es lebe Latein!", gesagt hat, das in kürzester Zeit schon die fünfte Auflage erlebt hat.

Bei der Auseinandersetzung mit altgriechischen und lateinischen Texten erstaunt immer wieder deren Aktualität insbesondere auch, was politische Zusammenhänge angeht. Völlig ungerechtfertigt ist die pauschale Kritik an den Sophisten: Sie sind in Wirklichkeit Vorläufer der europäischen Philosophie. Schon Platon hat sich mit ihnen auseinandergesetzt und ihnen unterstellt, dass sie angeblich mit ihren rhetorischen Tricks „die schlechtere Sache zur besseren machen". Am meisten wurde es ihnen in der Antike angekreidet, dass sie nützliche Kenntnisse und Fertigkeiten wie die Rhetorik gegen Bezahlung lehrten, während es gebildeten Bürgern nicht in den Sinn gekommen wäre, ihre philosophischen Erkenntnisse zu vermarkten, auch wenn sie wie Sokrates nicht über ein Vermögen verfügten. In den europäischen Sprachen ist Sophist und Sophismus ein Schimpfwort geblieben, obwohl Historiker längst die Unhaltbarkeit dieser Verunglimpfung herausgearbeitet haben. Deren Diskreditierung ist auf die Rhetorik schlechthin übertragen worden, die zu Unrecht auf den Redeschmuck und die Äußerlichkeiten der Rede verkürzt wird. In Wirklichkeit ging es den bedeutenden Sophisten nämlich um Strukturen der menschlichen Kommunikation und den Zusammenhalt der Gemeinschaft selbst, wie es auch die Aufgabe der kultivierten Rhetorik ist. Sie legten dabei insbesondere auch Grundlagen für die moderne Verfassungsentwicklung. Sie haben die Menschenrechte nicht nur theoretisch aus der Natur des Menschen begründet, sondern wie Antiphon auch als praktische Schlussfolgerung daraus die Abschaffung der Sklaverei und der Standesprivilegien zwingend abgeleitet. Insofern waren sie fortschrittlicher als die Väter der amerikanischen Verfassung, die aus der faszinierenden Parole in der Unabhängigkeitserklärung, dass alle Menschen frei und gleich geboren sind, nicht die gleichen Schlüsse gezogen haben wie die viel geschmähten Sophisten.

Die Grundidee des Sokrates, dass es für den Menschen schlimmer ist, Unrecht zu tun als Unrecht zu leiden, stieß bereits bei seinen Zeitgenossen und bis heute immer wieder auf Widerspruch. Recht und Moral gelten als unnatürliche Fesseln der Freiheit des Menschen, von denen sich der Lebenstüchtige befreit. In humanistischem Geiste hat Ortega y Gasset herausgearbeitet, dass das Gegenteil von moralisch nicht „unmoralisch", sondern in Wirklichkeit „demoralisiert" ist. Demoralisiert zu sein bedeutet, nicht sein eigenes Leben zu leben und dazu verurteilt zu sein, menschlich, aber auch politisch oder wirtschaftlich zu scheitern, weil die notwendige Mitte fehlt. Vielfältige Publikationen über die Geschäftsmoral und die guten Sitten im Handelsverkehr, „codes of conduct", haben heute eine große Konjunktur, besonders vor dem Hintergrund der gegenwärtigen Finanzkrise. Wird es doch immer deutlicher, dass es dabei nicht um Regungen eines gütigen Herzens, sondern um die Strukturen vernünftigen Handelns im weltweiten Zusammenhang geht. Man kann sagen, dass es zwar Fälle gibt, in denen es jemanden gelingt, einige auf Dauer oder alle für eine gewisse Zeit in die Irre zu führen, aber es ist nicht vorstellbar, dass jemand auf Dauer alle Welt hinters Licht führt, sei es in der Politik oder im Geschäftsleben.

Das Völkerrecht, das „ ius gentium", ist eine römische Erfindung, die den weltweiten Freihandel, eine erste Form der Globalisierung, ermöglicht hat. Diese wird allerdings heute von vielen als die Quelle des Elends in aller Welt bekämpft. Es wird oft übersehen, dass Adam Smith bei seinem Eintreten für den Freihandel selbst hervorgehoben hat, dass die Marktwirtschaft bestimmter Grenzen und rechtlicher Strukturen bedarf, vor allem auch um ihre Grundlage, den Wettbewerb, zu gewährleisten. Derartige Grundlagen und Grenzen der Marktwirtschaft hat 2009 auch Papst Benedikt XVI. in seiner Sozialenzyklika zutreffend hervorgehoben. Wirtschaftliche Zwangssysteme haben dagegen immer wieder zur Verbreitung der Not beigetragen. Die ärmsten Länder sind diejenigen, die von ihren Regierungen mit Gewalt von der Außenwelt abgeschottet werden, wie zum Beispiel der Fall von Nordkorea zeigt. Menschenfeindliche Despotien wie die von Pol Pot in Kambodscha, der einen großen Teil seiner Bevölkerung ausrottete, sind nur in weitgehender Abgeschiedenheit möglich. Mit dem freien Handel ist stets auch der Export von Kulturgütern und Ideen verbunden. Zum Weltkulturerbe gehören nicht nur Baudenkmäler wie in Athen und Rom, sondern gerade auch die Ideale von Humanismus und Gerechtigkeit. Nicht nur Güter und Dienstleistungen werden in der einen Welt im Zuge der Globalisierung weiter verbreitet, sondern eben auch die Vorstellungen von Menschenrechten als natürliche Grundlagen menschlichen Zusammenlebens, selbst wenn man nicht außer Acht lässt, dass die Europäer vielfach gegen sie verstoßen haben. Wegen ihres europäischen Ursprungs stießen sie freilich lange Zeit auf Widerspruch und wurden bisweilen als neue Formen des Kolonialismus hingestellt. Gerade deshalb kommt es darauf an, die europäischen Wurzeln im griechischen und römischen Erbe immer wieder kritisch zu erörtern, um ihre Legitimierung und ihre Grenzen in einer vernünftigen Diskussion aufzuzeigen.

Die Schulweisheit im Sinne der klassischen Bildung bietet vor allem aber auch Grundlagen, um in eigenen Studien auf ihnen aufzubauen und über sie hinaus zu wachsen. Die alte Schule des Humanismus eröffnet den Zugang zu Kunst und Musik, zur Philosophie und Literatur in Geschichte und Gegenwart. Wer sich nicht in der griechischen und römischen Mythologie auskennt, kann mit bedeutenden Werken der Malkunst, aber auch der Dichtung oft nur wenig anfangen. Maßgebende Ideen der modernen Staatslehre haben ihren Ursprung in der Antike und wurden bis zur Gegenwart weiter entwickelt. Es kommt darauf an, aktuelle Kriterien für die Beurteilung von Kunst und Kultur, vor allem auch für die moralischen und rechtlichen Aspekte menschlichen Zusammenlebens herauszukristallisieren. Es kann sich dabei nicht um starre Prinzipien handeln, die ohne Rücksicht auf die Besonderheiten der jeweiligen Verhältnisse auf Biegen und Brechen durchgesetzt werden – das ist die Haltung von Fundamentalisten, die es schon immer gab. Die humanistische Vorbildung erleichtert besonders auch den Zugang zu den Rechtswissenschaften und der Rechtsphilosophie, die in den letzten 50 Jahren gerade auch auf die klassischen Lehren einer kultivierten Rhetorik zurückgekommen sind.

Wer sich dem Lateinischen widmet, kann immer wieder feststellen, dass es sich nicht um die Beschäftigung mit einer „toten Sprache" handelt, wie sich bei jeder Fahrt in Länder mit romanischen Sprachen zeigt. So konnten wir auf unserer Klassenfahrt nach Italien damals im Jahre 1952 auch ohne gründlichere Vorstudien bald recht viel verstehen. Aber auch bei Schul- und Studienaufenthalten in England oder den USA kommen Lateinkenntnisse sehr zustatten. Bei den üblichen „spelling competitions" weiß eher, wie ein Wort geschrieben wird, wer dessen lateinischen Ursprung kennt. Für mich war das Latein insbesondere auch die geeignete Vorbereitung, um in die Welt des Spanischen einzudringen. Inzwischen war ich 16 oder 17 Mal in Mexiko, um – mehrfach auf Einladung der nationalen Universität in Mexiko-Stadt – an Kongressen zu Problemen der Verfassungsvergleichung teilzunehmen, nach meiner Heirat im Jahre 1970 in der Regel mit meiner Frau. Auch meine Söhne Thomas und Jan Philipp, besonders aber meine Tochter Andrea, die alle auf der gleichen Schule wie ich Latein und Griechisch gelernt hatten, haben enge Beziehungen zu Mexiko, so dass mein Bruder in einer Rede zu meinem 70. Geburtstag mit Recht von einer zunehmenden Mexikanisierung der gesamten Familie Horn sprechen konnte. Damit ist zugleich mein Altershobby gesichert. Auch zu Spanien wurden dann engere Beziehungen geknüpft, die in Einladungen nach Madrid, Cartagena/Murcia, Salamanca und Valencia ihren Niederschlag fanden. Aber auch an Lateinamerika-Kongressen in Halle und in Moskau konnten wir teilnehmen.

# 10. Vom Wesen des Genies und zur Wiederaufrüstung

In unserer Abiturzeitung „Der Mischkrug" ist der Ausspruch unseres Mathematiklehrers Dr. Pagé enthalten: „Ihr seid die erste Klasse, die wir nach demokratischen Grundsätzen groß gezogen haben. Das sieht man euch auch an!" Das war nicht als Kompliment gedacht. Wir nahmen es aber gleichwohl einfach als Lob und Ansporn. Zur Demokratie gehören die verantwortliche Mitwirkung und die freie Rede. In unserer Abiturzeitung heißt es hierzu: „Kollege Menz war offenbar / immer fürs Konkrete / und überall plädierte er / für die freie Rede!" Diesem „Kollegen" Menz haben wir es auch zu verdanken, dass wir in der Schule an Schillers wichtiger Schrift „Über naive und sentimentalische Dichtung" herangeführt wurden, und das kam so: Unsere beiden Asse in Deutsch, Manfred Euler und Manfred Günzel, hatten die Aufgabe übernommen, darüber ein Referat zu halten, dann aber die Lust verloren, vielleicht auch weil Schillers Prosatexte nicht gerade leichte Kost sind. Unser Deutschlehrer Dr. Hartmann, den wir Massa nannten, hatte offenbar auch kein gesteigertes Interesse mehr an dem Thema. Volker Menz jedoch hat freundlich, aber bestimmt immer wieder zu Beginn der Deutschstunde an das vorgesehene Referat erinnert, nicht um die beiden Manfreds zu ärgern, sondern weil er – wie er mir neulich auf Nachfrage bestätigte – mit Recht die Ausführungen Schillers für bedeutsam genug hielt, sie in der Klasse zu behandeln. Und so konnten wir denn schließlich doch noch erfahren, dass Naivität das Genie auszeichnet. Schiller war bescheiden und nannte Goethe das Genie, den naiven Dichter, der selbst Teil der Wirklichkeit ist, die zum Gegenstand seiner Dichtung wird, während er sich selbst einen sentimentalischen Dichter nannte, der dem echten Dichter nachstrebt, ihm aber allenfalls nahe kommt.

Diese einleuchtenden Überlegungen haben mich noch nach Tag und Jahr in die Lage versetzt, eine auf den ersten Blick merkwürdig klingende Bemerkung von Egon Bahr zu verstehen, die jedem, der das Werk Schillers nicht kennt, unverständlich ist. Er nannte nämlich einmal Helmut Kohl einen „naiven Politiker", im Übrigen sah er allenthalben „sentimentalische Politiker" am Werk. Wer diese Bemerkung für eine übliche Form der Kritik an dem Provinzfürsten Helmut Kohl hält, würde Bahr missverstehen. Sein Wort soll also nichts weniger besagen, als dass er Kohl als natürlichen Vollblutpolitiker ansieht, der das verkörpert, was andere gern sein wollen. In diesem Sinne schätzten sich übrigens Brandt und Kohl gegenseitig wegen ihrer Fähigkeit, Menschen anzusprechen. Dass geniale Naivität durchaus mit einer erstaunlichen Plattheit verbunden sein kann, weist Schiller an einer Stelle in Homers Ilias nach, der für ihn der Inbegriff des großen naiven Dichters ist. Der Grieche Diomedes und der auf trojanischer Seite kämpfende Glaukos treffen im Kampf um Troja aufeinander. Sie erkennen sich jedoch als Söhne von Gastfreunden und tauschen daher als Zeichen ihrer Verbundenheit ihre Rüstungen aus. Anstatt nun den Edelmut der Helden und den hohen Rang der Gastfreundschaft zu rühmen, wie dies sentimentalische Dichter der Renaissance in vergleichbaren Situationen getan haben, bemerkt Homer nur trocken, Glaukos sei verblendet gewesen, seine Rüstung sei mehr als zehn mal so viel wert wie die von Diomedes.

Während unser Klassenlehrer Massa somit sozusagen erst durch Initiative eines Schülers veranlasst wurde, uns an das Wesen des Genies heranzuführen, ist ihm hoch anzurechnen, dass er auch von sich aus ungewöhnliche Wege zur Vermittlung einer kritischen Auseinandersetzung mit literarischen Erzeugnissen aufzeigte. Als im Jahre 2007 des Dichters Stefan George wegen seines hundertsten Geburtstages gedacht wurde, kam mir wieder in den Sinn, dass Massa uns aus Robert Neumanns Parodiensammlung „Mit fremden Federn" mit sichtlicher Freude vortrug. Natürlich konnte ich die George-Parodie nicht mehr auswendig, wie manchen anderen hier zitierten Text, ich habe sie aber sofort finden können. Das schöne an den Parodien Neumanns ist, dass er die parodierten Schriftsteller nicht sozusagen am Boden zerstört, sondern eher ein Anreiz geboten wird, sich mit dem betreffenden Dichter, gerade auch mit George, zu befassen, handelt es sich doch bei einer Parodie um eine besondere Form der Anerkennung, mag auch die Parodie zum Lachen reizen. So heißt das Gedicht zum Thema „Lenz" nach Stefan George:

*Der greise meister wird gekreisst vom eise*

*Ihm wühlt kein rüder frühling im gemüte*

*Von alabaster gleicht er einer tüte*

*Gefüllt mit sülz aspik und götterspeise.*

*Da lenz kein lenz da weist ihm keine waise*

*Die müde süße einer rübenblüte*

*Im schatten ruht der kühle troglodyte*

*Des lorbeerbusches und der paradeise.*

*Verborgen dass den greisen nichts entfache*

*Stehn die zu jüngern IHM sich scheu erkiesen*

*Und zürnen tief wenn eine freche gift*

*Profanen sonnenlichts den hehren trifft*

*Und schauern denn dann muss er manchmal niesen*

*Und gähnen sehr (doch das tut nichts zur sache).*

Massas Deutschunterricht entsprach – wie auch das positive Beispiel einer originellen Unterrichtsweise zeigt – weniger den traditionellen Vorstellungen der alten Schule. Wir Schüler waren nicht böse, wenn uns überlieferte Lektüreverpflichtungen wie das Nibelungenlied erspart blieben. Dafür gab es im Deutschunterricht bisweilen Diskussionen über aktuelle politische Fragen. Die Erinnerung an einen Hausaufsatz zu der Frage „Wiederaufrüstung?" habe ich lange Zeit mit Erfolg verdrängt, weil ich als einziger neben einem weiteren Klassenkameraden die Note „Mangelhaft" bekam. Ich will mich nicht darauf hinausreden, dass in diesem Fall mein Vater, der sich sonst recht wenig um Schulfragen kümmerte, an der Abfassung maßgebend beteiligt war. Er vertrat den Standpunkt – den ich dann übernahm – eine Armee gehöre begriffsnotwendig zu einem Staat, ohne selbst je Soldat oder gar Mitglied der NSDAP gewesen zu sein. Unter dem Eindruck des Einmarsches kommunistischer Truppen in Südkorea hatten die Amerikaner den dortigen Abzug ihrer Truppen als Fehler erkannt und von der jungen Bundesrepublik Deutschland die Aufstellung von Streitkräften verlangt. Die Alliierten waren sehr erstaunt, dass die Deutschen ihrem Ruf als begeisterte Militaristen so gar nicht entsprachen und den ersten Wehrbeauftragten der Bundesregierung, Theodor Blank, der sich für den Wiederaufbau einer Armee einsetze, sogar tätlich angriffen. Die ablehnende Haltung gegenüber jedem militärischen Neubeginn nach der Niederlage im Krieg beherrschte auch die

Diskussion in der Klasse unter der Leitung ihres Klassenleiters. Als ich meinen Klassenkameraden Manfred Günzel um eine Stellungnahme bat, bejahte er eiskalt meine Frage, ob denn das „Mangelhaft" für meinen väterlich inspirierten Aufsatz berechtigt sei, entsprach er doch nicht seinen eigenen hohen literarischen Maßstäben. Zu einer Selbstüberschätzung konnte er vor allem auch deshalb gelangen, weil er bisweilen von unserem Deutschlehrer gefragt wurde, welchen Schriftsteller er gerade lese. Ich erinnere mich noch gut, als er einmal sagte: „Ich lese gerade meinen Kumpel Rilke", und schloss daran einige kluge Bemerkungen über seinen „Kumpel" an, mit dem er sich offenbar auf gleicher Ebene wähnte. Auch in der Folgezeit kam mancher berühmte Schriftsteller noch zu der Ehre, von Günzel als „Kumpel" bezeichnet zu werden; mir fällt da gerade Hans-Magnus Enzensberger ein, den er möglicherweise nach der Schulzeit tatsächlich einmal persönlich getroffen hat.

# 11. Musische, rhetorische & schauspielerische Aspekte

Die musische Erziehung ist neben der literarischen, aber auch der mathematischen Bildung seit der Antike ein wichtiges Anliegen humanistischer Bildung. Die bedeutsame Heranführung zarter Sextanerseelen an die Welt der Musik ging bei unserem Musiklehrer Barsch – „Barsch, o weh, was wärst du ohne B" – raue Wege: Offenbar folgte er dem klassischen Spruch „Per aspera ad astra", durch das Raue zu den Sternen. Barsch ging beim „Singen", wie dieses Schulfach ursprünglich offiziell hieß, in einer der ersten Stunden durch sämtliche Reihen, um jeden herauszufinden, der „brummt". Damals konnte man sich noch nicht vorstellen, dass der Stimmbruch auch schon früher beginnen kann. Für mich traf dies bestimmt nicht zu, weil ich ein ausgesprochener Spätentwickler war. Bei meiner Singprobe wurde ich jedenfalls innerhalb von wenigen Sekunden als Brummer entlarvt und wurde mit mindestens zwölf Leidensgenossen in die hintersten Reihen verbannt und zum Schweigen verurteilt: Wir waren aus der Welt der Musen verstoßen. Jahre hindurch bekam ich in Musik eine Fünf im Zeugnis. Was ich nicht auf dem Gebiet des Singens erreichen konnte, gelang allen meinen drei Kindern mit Bravour in jeder Hinsicht. Das ist sicher in erster Linie ein Erbteil ihrer Mutter. Es gibt aber auch Talente, die sich latent weiter vererben: Mein Großvater mütterlicher Seite war ein begeisterter Sänger des Gesangvereins in Nied, das heute zu Frankfurt gehört.

Erfolgreicher war mein erster Auftritt als „Comedian" – wie man heute so schön sagt – einige Jahre später bei der Abschiedsfeier für unseren Klassenlehrer Papa Schnell. Ihm standen bei der Rede des Klassensprechers Gerd Moos die Tränen im Gesicht. Meine Rolle lässt sich dagegen eher mit dem Satyrspiel vergleichen, das im alten Griechenland der Tragödie folgte, um das Publikum zu entspannen. Ich imitierte unseren Lateinlehrer Hörle, der auch Kunstunterricht erteilte und wegen des Fehlens von Epidiaskopen oder Kunsttafeln mit einem kleinen Foto eines Gemäldes mit seinem typischen Räuspern erklärend durch die Bänke schritt. Ein rechter Publikumserfolg war meine Imitation von Sprüchen eines guten Bekannten meines Vaters, der als stolzer Vater im Darmstädter Dialekt von seinem kleinen Sohn sprach: Wenn der gerade irgendetwas gesagt hatte, rief er mit lauter Stimme: „Herr Horn, habbeses gehiert? Unser Hännesje, des is der aaner", begleitet von einer urigen Lache, „woa, woa", die sich nach der Abschiedsfeier eine Zeit lang in der Klasse einbürgerte.

Andere hatten schon im Kindergarten die Chance, sich auf erste Auftritte vorzubereiten, die wichtig für das Selbstwertgefühl sind. Meine Sozialisation lässt vielleicht deshalb bisweilen heute noch Lücken erkennen, weil ich nie im Kindergarten war. Meine Enkelin Carolina war dagegen schon im Alter von zwei Jahren in einer frühkindlichen Musikerziehung, deren Fehlen bei mir Musiklehrer Barsch vielleicht doch zu Recht beanstandet hat. Als Schauspieler trat ich früher hervor. Mit zehn Jahren spielte ich aber immerhin im Kinderheim Brachenreuthe am Bodensee die Hauptrolle in dem Stück von Hans Sachs „Kälberbrüten". Mir sind die Grundzüge des Stückes heute noch geläufig: Ein armer Bauer, der völlig unter dem Pantoffel seiner Frau stand, hatte sein Kalb auf das mit Gras bewachsene Dach laufen lassen, das vom dem Hügel aus, an dem es stand, zu erreichen war. Den Sturz vom Dach überlebte das wertvolle Tier allerdings nicht. Eine Nachbarin, der er in der Furcht vor seiner Frau sein Leid klagte, riet ihm zu dem Verfahren, aus Käse ein Kalb auszubrüten, von dem sie einmal gehört habe. Dementsprechend saß ich auf dem vorgestellten Käse und machte „Sch... Sch... Pff... Pff...", wie es auch im Text stand. Einige Jahre später sah ich – wie das Leben so spielt – meinen jüngerer Bruder in der gleichen Rolle auf der Bühne, aber viel überzeugender als ich. Er imitierte mit Brillanz die Zischlaute eines brütenden Vogels, worauf ich nicht gekommen war. Am Schluss heißt es in dem Hans-Sachs-Stück so schön „Der Mann soll doch sein Herr im Haus". „Gender mainstreaming" war noch unbekannt. Gleichwohl ist es deshalb nicht gerechtfertigt, den armen Hans Sachs mitsamt den Meistersingern bei den Bayreuth-Aufführungen von 2007 und 2008, noch dazu vor den Augen der politischen Prominenz in die Pfanne zu hauen.

Wir feierten Klassenabende mit erfolgreichen Aufführungen von Sketchen von Manfred Euler. Die größte Feier war am 13. Juni 1950 im Café Orient in Wiesbaden, das schon deshalb nicht hätte abgerissen werden dürfen. Aus einer Wildwestparodie, die damals aufgeführt wurde, wurde dann bei Klassentreffen der Habakook-Song froh und laut wiederholt. Noch vor wenigen Jahren sangen wir bei Geburtstagen im Chor den Refrain: „Mit wirrem Haar stand ich an der Bar und schrie ganz fürchterlich: Gib mir `nen Whisky, Jolly, einen Whisky Jolly, einen Whisky für mich" – unser Dichter Euler, der damals noch lebte, konnte noch selbst mitwirken, und der vor kurzem verstorbene Komponist Bernhard Kaufmann spielte dazu authentisch das Klavier. Unsere Nachkommen waren doch recht beeindruckt von dem, was wir so alles auf die Beine gestellt hatten.

Eine gute Plattform für schauspielerische Aktivitäten stellten auch die zahlreichen Treffen in privatem Kreise dar. Das Wort „Party" war damals zunächst noch weitgehend neu und musste manchem Angehörigen der älteren Generation noch mühsam erklärt werden. Im Grunde handelt es sich kaum um eine völlig neue Sache: Schon immer trafen sich die Menschen zum Tanzen und zur Unterhaltung in Privathäusern. Es handelte sich bei uns aber nicht um größere Feste für reiche Leute, die früher pompös als „Hausball" oder an Karneval als „Kostümfest" oder „Maskenball" bezeichnet wurden. Wir gründeten einen bescheidenen Club, der sich „Votelistenclub" nannte, für den auch jeder einen besonderen Namen erhalten sollte – bei dieser Gelegenheit erhielt ich übrigens meinen Namen „Hobbi", von dem bereits zu Beginn unter „Biebricher Erinnerungen" berichtet wurde. „Votelist" wurde definiert als „jemand, der bewusst ab und zu irre ist". Eine Party erforderte erheblich weniger Aufwand als ein Hausball alten Stiles, bedurfte aber selbstverständlich ebenfalls einer gründlichen Vorbereitung. Die entscheidenden Stichworte ergaben sich aus dem alten Spruch „Wein, Weib und Gesang". Zunächst ging es darum, den benötigten Wein für die Bowle möglichst preiswert zu besorgen. Er wurde bei Verwandten von Bernd Kaufmann in Essenheim im Rheinhessischen geholt. Das war schon das erste Abenteuer zu einer Zeit, als Schüler in der Regel noch kein Auto hatten – außer Gerd Prigge als Sohn eines Mitarbeiters von Opel. Dann galt es, die geeigneten Damen ausfindig zu machen und denen behilflich zu sein, die anfänglich – wie ich – noch nicht auf sich gestellt zum Zuge kamen, durch geschickte Vermittlung zu einer Tanzpartnerin zu verhelfen. Ich war, wie gesagt, Spätentwickler und dementsprechend auch ein Jahr später als die meisten meiner Klassenkameraden in der Tanzstunde. Das Stichwort „Gesang" wurde weit ausgelegt und umfasste Darbietungen aller Art, beispielsweise eine Götterparty mit einem Orakel oder eine Lappen-Party, nachdem August Epple aus Lappland zurückgekommen war, wo er nach Gold gesucht (aber nicht gefunden) hatte.

# 12. Abi-Scherz & Rückblick auf die Schulzeit

Maßgebend für Generationen von Schülern der Dilthey-Schule und heute der Gutenberg-Schule, die das frühere Gebäude übernahm, ist es, beim Abschied von der Schule, das Pferd, das damals nach dem Entwurf eines Schülers aufgestellt wurde und sich heute noch an der Schule, wenn auch nicht mehr an dem ursprünglichen Platz befindet, zum Gegenstand einer besonderen Aktion zu machen. Es war die Idee unseres Klassenkameraden August Epple, das lebensgroße Pferd mit markanten weißen Streifen zu versehen, um es auf diese Weise in ein Zebra zu verwandeln, wie auf dem Foto auf dem Einband dieses Buches zu sehen ist. Dieser Vorgang wurde Jahr für Jahr in der einen oder anderen Form wiederholt. So wurde das Pferd auch 2002 beim Abitur eines Freundes meines jüngsten Sohnes Jan Philipp an der Gutenberg-Schule vielfältig farbig verziert. Inzwischen ist in allen Wiesbadener Schulen der Abi-Scherz – ob mit oder ohne Pferd – zu einem festen Brauch geworden, dem die Zeitungen auf ihren Lokalseiten viel Raum widmen. Vielleicht gibt es einmal einen Professor für Kulturrecht, der in einer Doktorarbeit den wirklichen Ursprung und die Tragweite des Abi-Scherzes untersuchen lässt. Vor allem in jüngster Zeit haben angesehene Vertreter der Klasse über uns behauptet, sie hätten als erste das Pferd verziert. Das Anmalen des Pferdes kann jedenfalls als ein Meilenstein in der Geschichte des Abi-Scherzes nicht übergangen werden. Weil aber die übrigen Schulen kein Pferd aufzuweisen haben und aus Furcht vor zu erwartenden Attacken auch keines aufstellen werden, verfallen die Schüler je nach persönlichem Niveau auf die merkwürdigsten Späße, die sich bisweilen darin erschöpfen, die Zugänge zur Schule oder zum Lehrerzimmer zu versperren. Andere veranstalten Sketche oder andere „events" – die frühere Weltsprache Latein ist auch hier durch das Englische ersetzt, der lateinische Ursprung bleibt gleichwohl unverkennbar – oder lustige Spiele und Wettbewerbe.

Alle Veranstaltungen und Feiern nach dem Abi beruhen auf der Erleichterung, die Schule endlich hinter sich gebracht zu haben, ein Gefühl, das über die Zeiten hinweg gleich geblieben ist. Was uns betrifft, standen beim Rückblick auf die Schulzeit weniger die Luftangriffe, die Notzeiten und das Sammeln von Kartoffelkäfern – das ja dann doch wieder Spaß machte – oder auch der Mangel an Lehrmaterial und manche pädagogischen Defizite, die jedenfalls in dieser Form heute kaum noch anzutreffen sind, im Vordergrund als die gesamte schulische Situation, für die natürlich auch der Leistungsdruck maßgebend war. Das hing vor allem mit den heute kaum vorstellbaren Klassengrößen zusammen. Bei 50 bis 60 Schülern in einer Klasse bleibt kein Raum für Kuschel-Pädagogik. Man war eher darauf bedacht, Schüler los zu werden. Nach einer falschen Antwort sagte „Buddha", wie Studienrat Becker genannt wurde, in freundlichem Tonfall: „Geh ab, mein Sohn, werde Bäcker oder Metzger! Handwerk hat goldnen Boden!" Die Erziehung zur Härte, die damals für die gerade erst gerade erst vergangene Epoche typisch war, konnte nicht von heute auf morgen überwunden werden. Gerd Moos bekam von dem neuen Lehrer Dr. Mannweiler zunächst erst einmal auf dem Gang der Schule eine Ohrfeige, bevor er sein Anliegen als Klassensprecher vortragen konnte. Körperliche Züchtigungen blieben zunächst noch durchaus an der Tagesordnung. Unser Mathematik- und Sportlehrer Hagelauer, der stets nach seiner Paraphe „Hg" genannt wurde, war sogar noch stolz auf seinen „Hg'schen Jagdhieb" mit dem Stock auf die Hände auch noch nach Kriegsende in der Unterstufe. Dabei war Hg im Übrigen sogar ausgesprochen beliebt! Er rühmte sich – wenn auch zu Unrecht – den Handball erfunden zu haben, um zu vermeiden, dass beim Fußballspielen in der Nachbarschaft weiterhin so viele Fensterscheiben zu Bruch gingen. Der Zusammenhang mit dem Fußball wurde dadurch unterstrichen, als damals bei uns noch ausschließlich Feldhandball gespielt wurde, d. h. auf einem normalen Fußballfeld mit zwei Verteidigern, drei Läufern und fünf Stürmern, was man sich heute kaum vorstellen kann.

Als wir dann in die Mittelstufe gekommen waren und die Klassen zu groß erschienen, wurde mit eisernem Besen ausgekehrt. In einem Jahr blieben 18 Mitschüler sitzen. Aber auch in der Oberstufe war die Zeit harter Schicksalsschläge immer noch nicht überwunden. Unserem Freund Rainer Troche, der durch ein hartes Nachkriegsschicksal sowieso schon einige Jahre verloren hatte und dementsprechend älter war, wurde am Ende der Unterprima nahe gelegt, wegen einer angeblichen Schwäche im deutschen Aufsatz auf das Abitur zu verzichten, um mit dem Zeugnis der Versetzung in die Oberprima von der Schule abzugehen. Er hat sich aber niemals darüber beklagt und sogar gelassen an unserer Abitur-Feier in der Werkskantine der Firma Didier in Biebrich teilgenommen. Er arbeitete dann lange Jahre bei VW-Kilian als Kundenberater und hat sich später sicher kenntnisreicher zu schulischen Fragen geäußert als mancher Schüler mit Abitur. Mit Abitur, das er sicher verdient hätte, wäre er wie seine Brüder und sein Vater aufgrund seiner sozialen Kompetenz ein guter Arzt geworden. Ein weiterer Schulkamerad, der inzwischen Musikprofessor und Chorleiter in Cincinnati/Ohio ist, war ebenfalls an Deutsch gescheitert. Unseren Freund Franz Schmitt ließ man im Mündlichen als einzigen durchfallen, nach der Intervention des unzuständigen Mathematiklehrers(!), dessen Fach er zulässiger Weise abgewählt hatte, ohne dass dieser, der vorsitzende Schulleiter oder der Klassenlehrer schon deshalb eingegriffen und berücksichtigt hätten, dass Franz damals in der Bäckerei seines Vaters, der erkrankt war, zwangsläufig ab vier Uhr morgens tätig war. Ein Jahr später hat er am humanistischen Gymnasium in Hadamar brillant sein Abitur bestanden und seinen Weg gemacht, zuletzt als Schulleiter. So hat denn jeder von uns seinen Weg gemacht und kann mit unserem Schulkameraden Schorschi Bree, der im mündlichen Abitur eine klassische Literaturstelle zutreffend übersetzt und interpretiert hatte, auf die Frage, was der denn persönlich davon halte, sagen: „Es ist was Wahres dran!"

Für die gemeinsamen Erinnerungen der Klassenkameraden sind weniger Einzelheiten der Schulweisheit bestimmend als prägende Erlebnisse und Erfahrungen. Entscheidend ist die Klassengemeinschaft, die in Freud und Leid zusammengehalten und sich verantwortungsvoll entwickelt hat. Trotz aller Schwierigkeiten, die wir zu bestehen hatten, haben wir mit und ohne Abitur Wege zur Gestaltung unseres Lebens gefunden. Wir sind jedenfalls froh, dass auch nach weit mehr als 50 Jahren noch ein Zusammenhalt besteht.

# 13. Aus der Schule in das Leben

Nach dem Abitur im Jahre 1953 war für mich der erste Schritt in das Leben die zweijährige kaufmännische Lehre bei der Firma Kalle & Co in Wiesbaden-Biebrich – übrigens zusammen mit meinem Schulkameraden Hans Amandi, aber auch mit mehreren Abiturienten aus Parallelklassen unserer Schule. Im Werkunterricht wurden wir von Professor Haupt unterrichtet, der uns nicht nur in die doppelte Buchführung einführte, sondern auch stets die Verbindung mit Bildung, Literatur und Sprachen hochhielt. Das waren noch Zeiten, in denen die Bildung gepflegt wurde! Könnte man sich heute doch kaum vorstellen, dass ein Handelslehrer in den Unterrichtsraum kommt mit den Worten "Ihr naht Euch wieder, schwankende Gestalten" und die Lehrlinge antworten im Chor " … die früh sich einst dem trüben Blick gezeigt. Versuch ich wohl euch diesmal festzuhalten, zeigt sich mein Herz dem Wahne noch geneigt?", und rezitieren dann über eine halbe Stunde im Chor gemeinsam Gedichte von Goethe, Schiller, Rilke, Hölderlin und Nietzsche. Aber auch Erich Kästners „Elegie nach allen Seiten" wurde nach dem Hinweis eines Lehrlingskollegen, der damit offenbar den Lehrer schockieren wollte, in den Katalog der gemeinsam deklamierten Gedichte aufgenommen, obwohl es darin heißt „ … ein alter Mann, welcher vorüber wandelt, spricht mit sich selber wie ein Wiederkäuer. Es klingt, als ob er mit dem Tod verhandelt. Wahrscheinlich ist der Sarg zu teuer".

Professor Haupt war darauf bedacht, die werdenden Kaufleute, auch solche, die schon vor einiger Zeit ihre Prüfungen bestanden hatten, mit fremden Ländern vertraut zu machen. Damals erregte es noch ziemliches Aufsehen, dass er mit seinen Lehrlingen nach Paris fuhr, um die Börse, aber auch die wichtigsten Museen und Kirchen, nicht nur den Louvre, sondern vor allem auch die Impressionisten, die uns besonders faszinierten, mit fachkundigen Erklärungen zu zeigen. Wegen des großen Erfolges ging es noch im gleichen Jahr 1954 auch nach London, wo nicht nur der Buckingham Palace, das Britische Museum und die Tate Gallery, sondern auch Madame Tussaud, besichtigt wurden. Dazu heißt es in dem von mir verfassten „London Song":

*Könige und Admiräle gab's aus Wachs bei Frau Tussaud.*

*Dichter, Sportler, Generäle sah'n uns an und grinsten froh.*

*Außerdem gab's viele Mörder drunten in dem dunklen Raum.*

*Blutig glänzten abe Köpfe. Furchtbar! Ja, man glaubt es kaum.*

*Hitler gab's und große Killer, Leichen mit und ohne Sarg.*

*Von dem Schreck uns zu erholen, setzten wir uns in den Park ...*

Meine Lehrzeit begann freilich mit einer Tätigkeit, die weniger kurzweilig war und die alte Weisheit bestätigte „Lehrjahre sind keine Herrenjahre". Die Lagerbuchhaltung wurde innerhalb der Firma die „Fremdenlegion" genannt. Dort ging es darum, aus den Belegen die Zahlen von bestimmten Beständen im Betrieb noch mithilfe einer Additionsmaschine einzeln zu addieren. Diese Aufgabe hatten nicht nur die Lehrlinge, sondern auch ausgebildete Buchhalter. Die Arbeit wurde von einem Abteilungsleiter überwacht, der seine Verpflichtung darin sah, von einer Glaskabine aus alle 30 bis 40 Angestellten genau zu beobachten und bei Bedarf sofort einzuschreiten, wenn jemand nicht seiner Arbeit mit der gebotenen Konzentration nachging oder gar private Gespräche führte. Jede Unterbrechung der eintönigen fehlergeneigten Tätigkeit wurde dankbar begrüßt.

Heute würde es auf erhebliche Proteste stoßen, Lehrlinge regelmäßig als Boten einzusetzen. Für mich war es eine willkommene Möglichkeit, die einzelnen Betriebsstätten, deren Daten es zu erfassen galt, in dem weitläufigen Industriegelände kennen zu lernen und dabei herauszufinden, wo und wie das Lichtpauspapier Ozalid, Cellophan, Cellophan-Darm, Glutolin-Leim und andere Erzeugnisse der Firma Kalle produziert und weiterverarbeitet wurden. Der Cellophan-Spinnraum erregte besonderes Interesse, wo am Ende eines Säurebades die Folie auf eine große Rolle gespult wurde.

Damals gab man den kaufmännischen Lehrlingen auch die Gelegenheit, einige Zeit in den Betrieben tätig zu werden, um auch technische Aspekte des Betriebes kennen zu lernen. Lehrlinge waren nur männlich: Gleichberechtigung war noch ein Fremdwort. Mädchen waren damals lediglich „Anlernlinge", die immerhin auch von Professor Haupt unterrichtet wurden, aber nicht Kaufmannsgehilfe (Industriekaufmann) werden konnten. Für unsere Tätigkeit im Betrieb wurden wir Lehrlinge mit der üblichen Arbeitskleidung, dem „Blauen Anton", ausgestattet. Trotzdem war es nicht möglich, die angeborenen Vorurteile gegen die „sunntags Aageduhene" (sonntags Angetanenen) völlig zu überwinden, denen man bei ihrer Tätigkeit mit Schlips und Jacket im Verwaltungsgebäude auf der anderen Seite der Rheinstraße (heute Rheingaustraße) nicht zutraute, wirklich zu arbeiten. Dabei konnte auch nicht von einer übermäßigen Arbeitslust in den Werkstätten die Rede sein. Wenn ein Vorgesetzter, vor allem ein Meister kam, der wegen des ständigen Temperaturwechsels zwischen den einzelnen Werkstätten und der frischen Luft zum Schutz gegen Erkältung stets eine Kopfbedeckung trug, erschallte der Warnruf „Hut! Hut!" – ein bemerkenswertes Wortspiel. Bedeutete es doch nichts anderes als „Seid auf der Hut! Macht Euch an die Arbeit!". Interessant waren auch die Gespräche mit den Kalkulatoren, die abzuschätzen hatten, wie viel Zeit für eine bestimmte Reparatur benötigt wird, da im Akkord gearbeitet wurde. Es handelte sich um eine Veranschaulichung des Interessengegensatzes von Kapital und Arbeit: Wenn zu kurze Zeiten festgesetzt wurden, war dies praktisch eine Lohnkürzung. Wenn einer zu schnell arbeitete, machte er sich bei seinen Arbeitskollegen unbeliebt und es hieß „der macht uns de Akkord kaputt".

Wir kaufmännischen Lehrlinge waren in verschiedenen Werkstätten tätig, so in der Schreinerei und der Schlosserei, wo wir wie die gewerblichen Lehrlinge zunächst einmal an einem Werkstück einige Zeit feilen mussten. In der Schreinerei stellten wir mit Mühe und fachkundiger Unterstützung einen Schemel oder etwas Ähnliches her. Besonderes Interesse verdiente in der Hauptwerkstatt die Schleiferei für Spinndüsen, die bei der Herstellung von Cellophan eine entscheidende Rolle spielten. Sie gab mir den Anstoß zu einem „Schleifer-Epos" in Hexametern, in denen sich der Rhythmus der Maschine widerspiegelte:

*Jeder kennt „Cellophan", die klare Folie von Kalle,*

*die aus Zellstoff gewonnen, der zu Viskose verflüssigt.*

*Und Cellophan entsteht, wenn Viskose durch Düsen gepresst wird*

*und wird fest in dem Bade aus Säure der Kalle-Maschine.*

*Wichtig ist dann die Düse, sonst reißt das Band auf den Walzen,*

*stets gleichmäßig dick, nur so kann entstehen die Folie.*

*Spinndüsen schleifend verbringt der rüstige Werker die Tage.*

*Kommt aus dem Spinnraum der Düse mit Schrauben und Muttern verseh'ner*

*grau gestrichener Körper, mit Vorsicht von Männern verladen,*

*greift er sogleich zum passenden Werkzeug und lockert die Muttern,*

*nimmt mit Gefühl und Verstand das kostbare Stück auseinander,*

*schützet die Lippen aus säurefestem, doch weichem Metalle*

*mit einer Schiene aus Holz gegen jeden verderblichen Kratzer.*

*Und auf der großen Maschine dreht sich dann ständig der Schleifstein,*

*um zu glätten die wertvollen Lippen der spinnenden Düse.*

*Hitze entstünde recht bald, ja flammendes fressendes Feuer,*

*netzte nun nicht ein kühlender Strahl aus öligem Wasser.*

*Ununterbrochen prüft dann der Schleifer die werdenden Kanten*

*Und verstellt auch ganz sachte den Tisch, der die Düse beweget.*

*Ist doch die zeugende Düse das wichtige Kernstück im Spinnraum …*

Während Obermeister Lejeune, dem dieses Werk der Dichtung in Form des Wochenberichts vom 14. Januar 1954 vorgelegt wurde, ehrlich beeindruckt war, kam das Werk doch nicht in die Werkszeitung „Farbenpost" – wahrscheinlich weil der Personalchef dagegen war, der auch unter mein von allen anderen gelobtes Gedicht zur Pensionierung des Werksarztes Dr. Büttel „Quatsch" geschrieben hatte.

Die Firma Kalle stellte seinerzeit nicht nur Cellophan und dann auch Folien aus Acetat und Kunststoffen her, sondern verarbeitete sie in vielfältiger Weise auch in eigenen Betrieben durch Bedrucken, Herstellen von

Beuteln und speziellen Hüllen, in der „CeWe", der „Cellophan-Weiterverarbeitung". Es handelte sich um einen Betrieb im Betrieb, in dem manche Verwaltungsarbeiten unabhängig von der Verwaltungszentrale vorgenommen wurden, selbst in einer eigenen Lagerbuchhaltung. Was den Lehrlingen und Werkstudenten auffiel, wurde später von einer Beratungsfirma, die für teuer Geld engagiert worden war, herausgefunden und alle diese Aufgaben im Verwaltungsgebäude zusammengefasst, das 1938 zum 75-jährigen Jubiläum der Firma Kalle erbaut worden war. Nur die eigene Versandabteilung behielt ihren Sinn. Ihrem Leiter widmete ich an der Schreibmaschine, die mir eigentlich zum Ausfüllen einiger Formulare bereitgestellt worden war, in Arbeitspausen eine Ode in Distichen, die jeweils aus einem Hexameter und einem Pentameter bestehen, die wie folgt begann:

*Immer geschäftig durchmisst der treffliche Chef des Versandes*

*eiligen Schrittes den Raum, nimmer gönnt er sich Rast.*

*Schrillen Tones ruft ihn mit ständig wachsender Bosheit*

*fürchterlich klingend und laut Fernsprechers tückischer Klang …*

Die spezifisch kaufmännische Ausbildung erfolgte in den Verkaufsabteilungen, die im Zeichen des beginnenden Wirtschaftswunders unter besonderem Stress standen. Wegen des Mangels an Angestellten wurden tüchtige Sekretärinnen als Sachbearbeiter eingesetzt, die freilich von den Kunden, wenn sie beispielsweise auf einer eiligen Lieferung bestanden, noch nicht anerkannt wurden. Sie verlangten mit Entschiedenheit, den zuständigen Herrn zu sprechen. Da es offenbar auf eine männliche Stimme ankam, konnte ich als Lehrling zur Überzeugung des Anrufers wiederholen, was ihm schon längst von der zuständigen Sachbearbeiterin gesagt worden war. Während ich in dieser Abteilung vor dem Hintergrund, dass die Zeiten von einer Anerkennung der Gleichberechtigung noch weit entfernt waren, ziemlich groß herauskam, wurde mir in einer Buchhaltungsabteilung dagegen wieder einmal vor Augen geführt, dass Lehrjahre keine Herrenjahre sind. Ich wurde von einem Angestellten ausgebildet, der 1905 wegen seiner schönen Schrift eingestellt worden war, wie er gern mit Stolz erzählte. Zu seinem 50-jährigen Dienstjubiläum im selben Betrieb erhielt er das Bundesverdienstkreuz – von dieser Übung ist man heute abgekommen, nachdem Flexibilität am Arbeitsmarkt angesagt ist. Er verlangte von mir als Lehrling, das Kalenderblatt täglich abzureißen, und machte mir Vorwürfe, wenn ich es einmal vergessen hatte. Beim Abschied sagte er: „Wenn ich gewusst hätte, dass Sie der Sohn vom Ingenieur Horn sind, hätte ich Sie besser behandelt".

Wirklich interessant war dann für mich die Werbeabteilung, wo ich zur Abfassung mancher Texte herangezogen wurde. Mich hat es manchmal etwas bekümmert, dass – beispielsweise bei dem Entwurf einer Zeitschriftenanzeige – noch ein kurzer Text benötigt wurde, um eine Lücke zu füllen: Meine goldnen Worte wurden sozusagen nur als typographisches Füllsel benötigt. Ich hatte aber auch Erfolgserlebnisse auf höherem Niveau: Die Firma Kalle setzte ihre Ehre in literarisch und fotografisch anspruchsvolle Kalender. Ein Herbstbild wurde mit dem Rilke-Gedicht eingeleitet „Herr, es ist Zeit, der Sommer war sehr groß." Im folgenden Text wurde falsch zitiert: „Gib ihnen noch *drei* südlichere Tage". Bei Professor Haupt hatten wir aber gelernt: „Gib ihnen noch *zwei* südlichere Tage". Werbeabteilungsleiter Grünewald wollte mir zunächst nicht glauben, weil ein bekannter Autor zur konzeptionellen Bearbeitung des Kalenders herangezogen worden war. Grünewald begrüßte mich dann stets mit besonderer Herzlichkeit, wenn ich später während meines Jurastudiums in Semesterferien als Werkstudent in seiner Abteilung tätig wurde.

Eine besonders feinsinnige Aufgabe war es, als persönliche Weihnachtsgrüße den führenden Kaufleuten ein Distichon zu dichten, das mit einem Stich verbunden wurde, auf dem Merkur, der römische Gott des Handels dargestellt wurde. Daher hieß es in meinem Gedicht:

*Nicht nur die Waren allein bringt Merkur in fernere Länder,*

*mit den Völkern der Welt knüpft er ein freundschaftlich Band.*

*Auch beim geschäftigen Handeln vergisst er niemals den Menschen.*

*Denn den persönlichen Freund schätzet er mehr als Gewinn.*

Als ich davon meinem Griechisch-Lehrer Tabeling erzählte, nannte er mich den klassischen Goldrand der Firma Kalle. Humanistische Bildung aus der Sicht der alten Schule kann sich in großen und in kleinen Dingen immer wieder als nützlich erweisen – quod erat demonstrandum (was zu beweisen war).